秋田県立能代工業高等学校

三冠王
平成3年度
高校総体 8月7日
国体 10月16日
選抜 12月28日
能代工業高校バスケットボール部

NOSHIRO CUP
第4回能代カップ高校選抜バスケットボール大会
能代市制50周年記念
能代カップ
A 能代市民体育館
B 能代工業高校体育館
第2回 能代カップ
高校選抜バスケットボール大会
全国 高校界のトップ試合!
5月3日～5日
A.能代市民体育館
B.能代工業高校体育館
能代カップ
高校選抜バスケットボール
トップ試合
会場
A 能代市民体育館
B 能代工業高校体育館
主催 能代市バスケットボール

能代工高
4
能代工高
4
能代工高
8

NOSHIRO
バスケの街 能代
BASKET BALL TOWN

能代工高
能代カップ
優勝
全国高校バスケッ
三連覇を讃えて

能代工
53

本書は、故・加藤廣志氏が能代工バスケットボール部の監督に就任した1960年から〝能代科学技術高〟として新たな歴史のスタートを切る2021年までを辿ったものです。胎動期、成長期、成熟期、変革期と4本の柱をつくり、バスケットボール界を代表する4名のライターがリレー形式で〝能代工高〟の歴史を紡ぎました。

なお、各章の最後に挿入した【時代の証言者たち】は、それぞれの時代の中で特に深い関わりを持つ方々に話を聞き、まとめたものです。

はじめに

文・島本和彦
（月刊バスケットボール元編集長）

編集者、解説者。大学卒業後に日本文化出版株式会社に入社し、『月刊バスケットボール』編集長を務める。退社後は主にＮＢＡのテレビ解説者として活躍する振り返ってみれば、私が『月刊バスケットボール』の編集長をやっていた時代には、能代工の選手たちがよく編集部に遊びに来ていました。能代工の最後のヘッドコーチ小野秀二君たちの代は全国高校選抜大会で東京に来るたびに、編集部に遊びに来ていたのを思い出します。当時、地方の高校生にとっては唯一のバスケットボール専門誌であり、唯一のメディアだった『月刊バスケットボール』はどんなところでつくっているのだろう、と興味津々だったのでしょう。

紺のジャージのズボンに学生服、坊主頭に丸い学生帽。朴訥を絵にかいたような大小の少年たちが興味深そうに編集部内のあちこちを見ていましたっけ。彼らの多くは卒業すると東京の大学に進学していましたから、またまた遊びに来たものです。

中でも小野君の1年後輩の内海知秀君は、日体大に進学していましたから常連と言っていい存在でした。大学の練習がオフのときは昼飯どきによく来ていました。「飯、行くか?」と聞くと、「ごちそうさまです!」とにっこり笑うことが何度もありました。まあ、いつも腹空かしの年代ですから狙っていたのでしょう（笑）。

しかし、あまりにも頻繁なので不思議に思っていたら、内海君の奥さんになられた雅代さん（旧姓仲村）がアルバイトをしていたので来ていたようです。後に編集部員から聞いて納得しました。雅代さんも大妻高校で全国優勝の経験があるのですから、すごいファミリーです。慎吾（京都ハンナリーズ）、亮子（元ＪＯＭＯサンフラワーズ）のご両親ということで、ご存知の方が多いと思います。

さて、能代工は１９６７年（昭和42年）に埼玉国体で初優勝を遂げると、３年後の１９７０年（昭和45年）には和歌山インターハイと岩手国体で二冠、そして１９７３年（昭和48年）には沖縄特別国体でも勝ち、着々と強豪への道をひた走っていました。

この4回の優勝後の１９７３年9月に『月刊バスケットボール』が創刊され、その後の54回の優勝はすべてカバーしていることになります。最初の33回の優勝時のヘッドコーチは加藤廣志先生。アメリカの指導書にならうと、コーチと言うよりはティーチャーで、技術も教えるが、バスケットボールを通して人生、生き方をも教える師でした。

かく言う私もバスケの〝いろは〟は廣志先生からご教授を受けたと思っています。『月刊バスケットボール』を創刊してから5年ほどたった頃のことでした。ようやくバスケット界にも少しずつ認知され始めて、この頃にはすでに企画の柱は高校バスケになっておりました。

能代工は全国でも必ず優勝候補の筆頭に挙げられるチームに仕立て上げてくるのが常でしたから、取材も毎月と言っていいペースであったのです。私も編集長をさせていただいていた関係から、何度も廣志先生にお話を聞いては記事を書いたものです。

そんなあるとき、取材が終わった後の雑談で、

「島本編集長。月刊バスケットボールは年々内容が濃くなって非常にいい雑誌になってきています。能代工が勝てるようになったのと、轡《くつわ》を並べるように一緒に成長していっているのがうれしいです。ただ、あまりにも広告が多い。これで広告が今の半分くらいになって、編集ページが増えれば、もっともっと素晴らしい内容のものになると思うが、どうだろう」とおっしゃられたのです。

実は、この頃の私の悩みがそこにありました。先達の雑誌が廃刊となり、広告が一気になだれ込んできて限界に達し始めていたのです。さらにバスケ専門ショップの小さな広告も徐々に増えていました。この両方の理由で、定期刊行物の送料を安く抑える第3

種郵便物認可の限度ページ数の50％を超える広告量が入ってしまうのが通常でした。

出版社にとっては広告が増えることは経営が安定しますし、喜ばしいことなのですが、ページ数の調整が大変でした。売れ部数も角度は鈍いものの右肩上がりで、前月を上回る数字を挙げるようになっていきました。

加藤先生はそこを〝ズバッ〟と直截的に突いてこられたのです。一瞬、ウッと詰まりました。

しかしながら先生の言ってこられた問いに関しては、ワンテンポ置いた後に自分なりの考えをお伝えしました。

「確かに私たち編集部の人間としても、もう少しページがほしいという悩みが、いつも編集会議で出ます。極端なことを言えば、広告を半分に減らして編集で勝負してみたいと……。ただ、そうやって4、5年で行き詰まるのと、このままで工夫して10年、15年と発行し続けるのとでは、どちらがバスケ界にとっていいことなのか？　と考えたのです。結論は後者でした。広告を入れるだけ入れてなるべく長持ちさせ、ビジネス的に確立させることがバスケ界にとってもいいのではないか、と思ったのです」と、話しました。

すると先生は「そうですか。そこまで考えておられたのですか。編集長、素人のつまらん質問を許してください」と言って頭を下げられたのです。

この潔い姿にこちらも思わず頭《こうべ》を垂れたのは言うまでもありません。

廣志先生はチームを勝たせる、私はバスケ専門誌を長続きさせ、そして高校バスケ界を支える、という図式ができ上がった瞬間だったと自負しています。また、先生の素朴でストレートな質問が『月刊バスケットボール』を今日まで持たせてくれたと思っています。


廣志先生の後を継いだ加藤三彦先生も、田臥勇太世代の9冠を含めて25回の優勝をして伝統をつなぎました。「能代イズムとは、泥臭さを大切に！　40分間ボールに食らいついて最後は1点差でもいいから勝ちたい。そして、その気持ちがチーム全員にあること」と言っていたのを思い出します。

確かにそれがあったときは結果が出ていました。僕は「イズム」という言葉は好きではないので「フィロソフィー」（哲学、簡単に言うとやり方）と言い方を変えますが、そのフィロソフィーを15歳から18歳の少年たちが一瞬でも思い出し、感じたときの結果が、58回の全国優勝というものにつながったのだと思います。

能代工を表現するときに多くのメディアが「常勝」、「連覇」、「9冠」などときらびやかなタイトルをつけて称えますが、どうも私にはピンときません。どんなときも「必勝不敗」。負けないぞ、必ず勝つのだ、というベーシックな気力を叩き込んだのは、加藤廣志先生とそれをつないだ加藤三彦先生だったと思っています。

人気コミック、『スラムダンク』に登場する湘北高校の安西先生は「あきらめたらそこで試合終了ですよ」と言います。これは廣志先生の言葉であり、能代科学技術高校につなぐスタッフ、選手と、能代工バスケットボール部ＯＢの皆さんへの言葉なのでしょう。

そして、能代市民も手を携えてバスケットをモチーフに元気になるような街づくりをしてほしいと願っているのではないかと思っています。

contents

contents

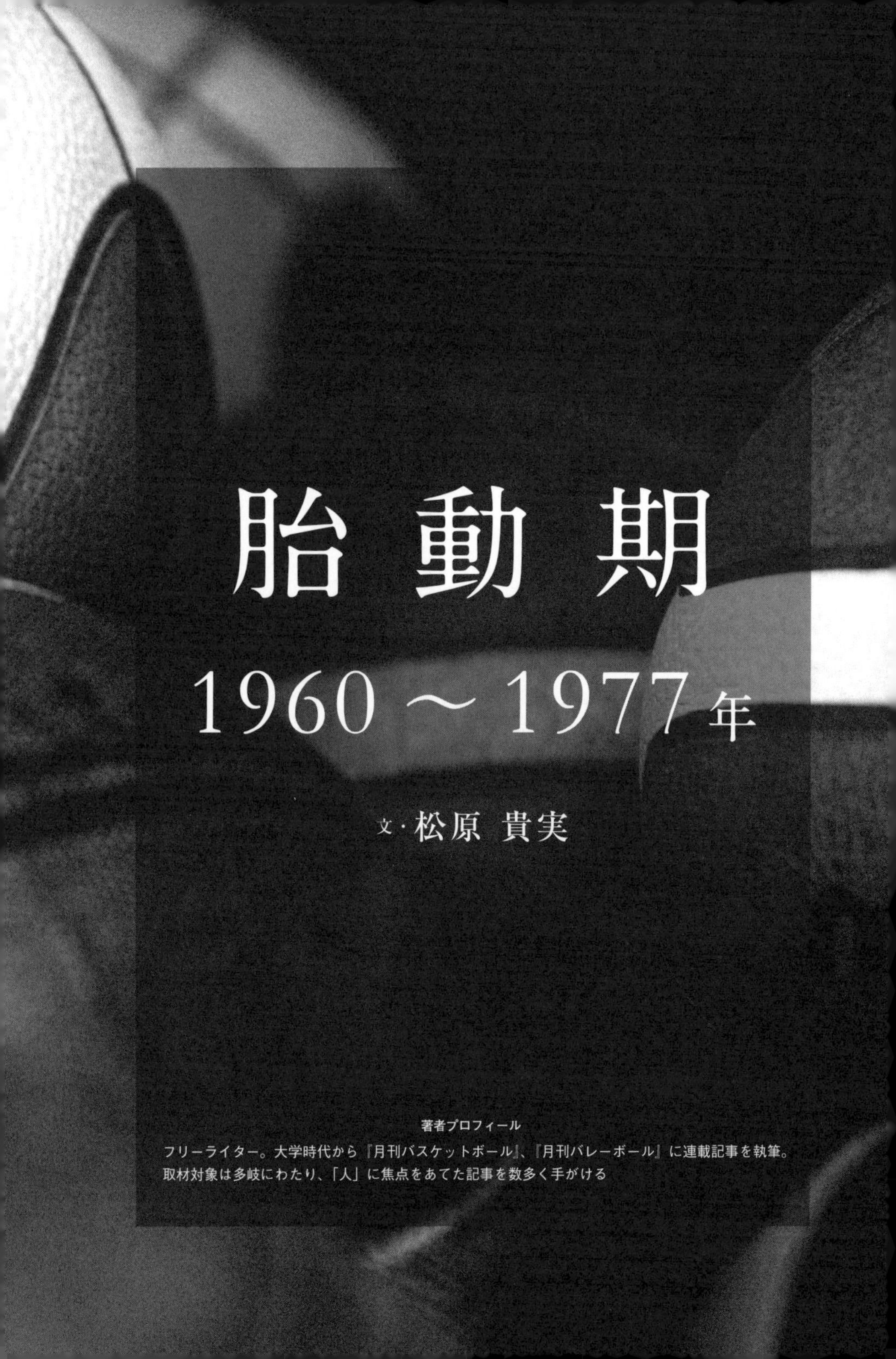

胎動期

1960～1977年

文・松原 貴実

著者プロフィール

フリーライター。大学時代から『月刊バスケットボール』、『月刊バレーボール』に連載記事を執筆。取材対象は多岐にわたり、「人」に焦点をあてた記事を数多く手がける

molten
能代工高

能代工にバスケットボール部が創部されたのは1933年（昭和8年）。戦前には秋田県大会での準優勝を何度か経験し、1953年（昭和28年）には初のインターハイ出場を果たしている。しかし、その後は思うような結果を残せず、県の優勝戦線からも遠ざかることとなった。ときを経て、全国にその名を知らしめるようになるのは1960年（昭和35年）以降。年表を見てもわかるとおり、それは加藤廣志が監督に就任してからの時代と重なる。チームの基礎を築き、高校バスケットボール界屈指の強豪校に育て上げた加藤は故人となり（2018年3月4日没、享年80）、当時の思い出を聞くことはもう叶わないが、日体大を卒業し、保健体育教師として能代工への赴任が決まったとき「胸が高鳴るのを感じました」と語った言葉は今も強く印象に残っている。

能代工の地に加藤が蒔いたバスケットの種はどのように芽吹き、どんな花を咲かせていったのか。取材で耳にした数々の言葉やエピソードを辿りながら、能代工バスケットボール部の胎動期を振り返ってみたい。

本物の強さはどんな練習から生まれるのか

秋田県の高校バスケットボールは、県北、中央、県南の3つのエリアに分かれて予選が行われ、それぞれの上位チームが全県大会の出場権を得る。毎年6月に開催されるこの大会は夏のインターハイ予選も兼ねており（優勝チームがインターハイ出場権を得る）、当時は秋田工、秋田、秋田短大附属（現・ノースアジア大明桜）などが頂点を争っていた。就任して間もない新米監督ならば「その一角に食い込むこと」を当面の目標に置きそうなものだが、加藤は違った。掲げた目標はあくまでも優勝。その年（1960年）の能代工には中学の全県大会優勝経験を持つ3年生が2人いたこともあり、「手応えは十分。必ず優勝してみせる」と公言していた。

しかし、現実はそう甘くはない。結果は健闘むなしく準決勝で敗退となった。周囲からは「監督として初めて出場した全県大会でベスト4ならたいしたものだ」と言われたが、当の加藤は納得しなかった。「選手のレベルは劣っていない。何が悪かったのだろう。

何が足りなかったのだろうか」。そんな疑問が頭から離れない。一人悶々とする日々を過ごす中で募っていったのは、「自分の目で強豪校の練習を見てみたい」という思いだ。後に加藤はそのときの気持ちをこう語っている。

「私はデパートに行くと、よく宝石売り場をのぞいてみるんです。もちろん高い宝石を買うお金はないし、目的は宝石を買うことではありません。私の目的は偽物じゃない本物の宝石を見ることです。本物の宝石はどんな色をして、どんなふうに輝いているのか。それを自分の目で確かめてみたくなるんです。新米の指導者だった私が強豪校の練習を自分の目で見てみたくなったのも、たぶんそれと同じ気持ちだったと思います。全国トップレベルのチームはどんな練習をしているのか。本物の強さはどんな練習から生まれるのか。それを無性に知りたくなりました」

そうと決まれば、どこの高校に見学の依頼をするか、だ。どうせなら全国大会で優勝しているような強い高校がいい。考えた末、加藤が電話をかけたのは東京の中大杉並（現・中大附属）だった。前々年、前年（1959年、60年）とインターハイ2連覇を果たした中大杉並は、3連覇をかけてハードな練習に明け暮れているはず。秋田の無名高校の監督がいきなり練習の見学を申し込んでも一蹴される可能性は高かったが、監督の野口政勝が同じ日体大出身という僅かな縁にすがるような気持ちで受話器を握った。

ところが、意に反して電話の向こうから返ってきたのは「構わないよ。せっかくだから選手も一緒に連れてくればいい」という野口の言葉。小躍りした加藤はただちに遠征の準備に取りかかり、数日後には選手たちとともに上野行きの夜行列車に飛び乗った。床に敷き詰めた新聞紙の上で重なるように眠りながら目指した東京。それが加藤率いる能代工バスケットボール部の記念すべき初遠征である。

中大杉並の練習時間は定まっていなかった。監督の野口が納得しなければ厳しい練習が延々と続く。弱音を吐かず食らいついていく選手たちに目をやれば、高さとパワーを兼ね備え、一つひとつのプレーの精度が高く洗練されている。コートに並んだ能代工との体格差は歴然としており、長身選手に支配されたゴール下はつけ入る隙がなかった。「これが全国を制するレベルか」と唸ったが、一方で「このままやられっぱなしでは帰れない」という負けん気も湧いてくる。一矢を報いるための手立てはないものか、いい戦法はないものか。そのときパッとひらめいたのが「平面での勝負」だった。

到底太刀打ちできないゴール下の攻防は捨てよう。その代わり相手がシュートを決めた瞬間、ゴールに向かって走る。相手がディフェンスに戻る前に攻め込めば、勝機を見出すことができるのではないか。加藤はその戦法をすぐに選手たちに伝え、その後に行われたゲームではとにかく走って、走って、走り抜いた。当時の選手たちの体力には限界があり、勝敗を左右するまでには至らなかったが、〝捨てたゴール下〟がそれほどダメージになっていないことに気づく。もう一つの大きな発見は、小柄なチームの利点だ。スピード、走力、スタミナ。「そこにうちの選手が持つ粘り強さが加われば、必ず長身チームに対抗できるチームをつくれるはずだ」——目指す道がはっきり見えた気がした。すなわちそれは高さに挑む平面のバスケット。加藤が生涯をかけて取り組み、その名を全国に轟かせる能代工の平面バスケットボールはこうしてスタートを切った。

強豪チームの胸を借りて

大きな手土産を持って能代に帰ったチームは、練習のギアを上げてスピードと脚力の

加藤廣志が監督に就任して２年目の1961年。当時は全国大会出場を目指していた

強化に取り組む。前線からプレッシャーをかけて相手を圧倒するオールコートゾーンプレスと、そこから仕掛ける速攻。攻防のスピーディーな切り替えを武器とするトランジションバスケットは40分間走り続けることを意味する。加えてリバウンドやルーズボールのさらなる粘りを求められる練習は選手にとって過酷とも言えたが、加藤がその手を緩めることはなかった。

新潟県の三条高校に練習ゲームを申し込んだのは1963年（昭和38年）の春のことだ。「その年のインターハイは新潟県三条市で行われ、バスケットボールの会場が三条高校の体育館だと聞いたので、選手たちに会場の雰囲気を味わわせておきたいと思ったんです」と加藤は言うが、季節は春。インターハイ予選を兼ねた全県大会はまだ開催されていない。当然のことながらインターハイの出場権を得たわけでもない。後年、「インターハイに出られるかどうかもわからない段階で『会場の雰囲気を味わわせておきたい』とは、出場できる自信があったということですか?」と尋ねてみると、加藤はニヤリと笑った。「出られる予感がしたんですよ。やっぱり自信があったということでしょうか」

新潟遠征は3月の春休みを利用して行われた。三条は公立高校には珍しく外部コーチの中村重治が指揮を執り、彼が育てたチームは全国大会の常連校として名を馳せていた。中大杉並を訪ねた東京遠征から2年が過ぎ、チームの成長を実感していたとはいえ、能代工がいまだ秋田の無名チームであることに変わりはない。坊主頭の小さな選手たちを見た中村の第一声は「こんまいなあ」だった。この一言がよほど胸に刺さったのか、加藤はそのときのエピソードを繰り返し口にしている。

練習ゲームを快諾してくれた三条に対して無様な試合はできないと、朝の5時に能代をたち、昼過ぎについた新潟でまずは新潟高、新潟商と一戦を交えた。2試合とも勝利したことに安堵して三条市入りしたのは夕方。ようやく食事にありつけると思ったところに「練習ゲームの準備ができた」という電話が入り、夕食の膳をそのままにして三条に向かった。そして、最初に耳にしたのが先述した中村の言葉である。むろん中村に悪気はなく、目の前に整列した能代工の選手たちが揃って小柄であることを見て、思わず口をついた一言だったのだろう。だが、その瞬間、加藤の負けじ魂に火がついた。監督の気迫は選手たちに伝染するものだ。始まったゲームは終始、三条がリードする展開だったが、引き離されそうになるたびに懸命に踏ん張り、大善戦と言える7点差で終了した。

さらにエピソードは続く。1戦目の終了後、すぐさま2戦目を申し込まれたが、早朝に能代をたってから新潟で2試合を戦い、その間満足に食事をとっていない選手たちの足元はすでにふらついている。それに気づいた三条の関係者が全員に出前のラーメンをふるまってくれた。体育館の隅で輪になってラーメンをすする。すると今度は広げた新聞紙に菓子を並べ「食べろ、食べろ」と勧めてくれた。だが、ラーメンを食べ終えた選手たちは誰一人として菓子に手を伸ばそうとしない。そうこうするうちに2戦目が始まり、今度の点差は僅か5点。またもや接戦だった。

翌日にもう1ゲームを戦う約束をして宿に戻る途中、加藤は気になっていたことを選手たちに聞いてみた。「せっかく用意してくれた菓子をお前たちはなぜ食べなかったんだ?」。親切を無下にしたことを叱られると思ったのか、顔を見合わせ、選手たちは申し訳なさそうにこう答えたという。「ラーメン食ったあとに菓子を食ったら、腹が膨れて試合で走れんようになるかと思って」

一瞬、返す言葉が見つからなかった。その後、選手たちに自分はなんと言ったのか、加藤の記憶は曖昧だ。「覚えているのは、心の中で同じ言葉を繰り返していたことです。お前たちはそんなことを考えていたのか、そんな思いで戦っていたのか。お前たちは、お前たちは……と」。幾度となく聞いた新潟遠征のエピソードはいつもこの言葉で終わったような気がする。お前たちはそんな思いで戦っていたのか――。

一夜明けて迎えた三条との最終ゲーム。終了のホイッスルが鳴ったとき、その差は2点に縮まっていた。

三条と互角の戦いができたことで得た自信は大きかった。加藤の〝予感〟どおり6月の全県大会で初優勝したチームは三条インターハイの出場権を獲得し、3回戦まで駒を進めた。むろん、まだまだ課題は山積みだが、それでも全国の舞台を経験し、そのレベルを肌で知ったことは今後の糧になるはずだ。就任4年目にして加藤はズシリとした手応えを感じていた。

1963年の三条インターハイで選手に指示を与える加藤廣志

残り3秒でつかんだ初の全国優勝

１９６３年の三条大会を皮切りに静岡大会、長崎大会、秋田大会、金沢大会と、５年連続でインターハイ出場を果たした能代工は全国大会の常連校として徐々に知名度を上げていく。しかし、最高成績は長崎大会のベスト8。後はほぼ3回戦止まりで、全国制覇への道はまだまだ遠いように思われた。チームの成長に手応えがなかったわけではない。この間にはＮＨＫ杯東北選手権大会で連覇を果たし、秋田県内はもとより東北でも「敵なし」の声が聞こえるようになった。それでもインターハイで勝ち切れないのはなぜか？　敗れた試合を何度も見直した加藤は、そこに共通したものを見つけた。終盤、ビハインドを背負った場面になると選手たちの集中力が落ちるのだ。さらに残り時間が僅かになると「この点差を覆すのは無理だ」という諦めの気持ちが漂う。「ここから試合を覆してみせる」という気迫が感じられない。勝敗を分けているのはそこだ。加藤はすぐにノートを手にとり、この弱点を克服するための練習法を考え始めた。

加藤が考案した「3分の追い込み練習」は今でもOBたちが「あれが一番きつかった」と口を揃えるハードな練習だった。AとBに分かれたチームの得点差は10点。残り時間は3分。リードされているAチームはここから試合を引っ繰り返さなければならない。当然Bチームも逆転を阻止すべく反撃に出る。Bチームが挙げる得点を考慮した上で加藤はAチームの得点目標を20点に定めた。このミニゲームはときを選ばず行われ、通常の練習中に突如始まることもある。選手たちには素早い頭の切り替えと集中力が求められた。結果的に3分でゲームを覆す成功例は少なかったが、加藤の真の目的はビハインドに屈せず向かっていくメンタルの強化だ。3分という時間はどんな長さなのか。さらに言えば、試合における1秒はどんな意味を持つのか。選手たちがそれをしっかり肌で感じ取れるようになれば、土壇場の競り合いの中でも集中力が切れることはない。加藤は頭の中で終盤の逆転劇を繰り返し夢想してみた。それが現実となるのは1967年（昭和42年）の埼玉国体。初出場で駆け上がった決勝の舞台だった。

埼玉国体はタフなゲームの連続だった。2回戦の相手はその年のインターハイを制した徳島海南。飛び抜けた身体能力を持つスーパーエース杣友厚《そまとも》（元日本代表）を擁し、優勝候補の筆頭と目されていた。勝利するためには〝杣友封じ〟が不可欠となるが、身長185センチで軽々とダンクもこなす杣友を抑えるのは至難の業だ。そこで加藤は「杣友にボールを持たせるな。パスが渡らないよう徹底して守れ」と指示した。その指示を遂行するべくガード陣は全力で守備体制をとる。さすがに杣友を抑え切ることはできなかったが、2年生エース岩谷照雄がそれを上回るスコアを叩き出し、終わってみれば97－91。予想以上のハイスコアで夏の王者を打ち破った。

しかし、優勝までの戦いはなおも熾烈を極める。準決勝の大宮工戦は69－68と薄氷を踏む1点差勝利。迎えた松江工との決勝戦は前半7点のビハインドが後半7分過ぎに15点まで広がる苦しい展開となった。だが、選手たちは諦めない。それまで絶妙なコントロールで能代工のゾーンプレスをかわしてきた相手の司令塔が4ファウルでベンチに下がると、ここぞとばかりに一気に流れを引き寄せた。とはいえ、残り時間は3分。点差はまだ10点ある。ここから巻き返せるのか。「3分の追い込み練習」の成果を試すときがやってきた。

キャプテンを務めていた山本富美男は当時をこう振り返る。「あの練習を生かすのが今だと、みんなわかっていました。でも、相手は百戦錬磨の松江工です。果たしてそれが通じるのかどうか、一抹の不安があったのも事実です」。そんな選手たちの不安を吹き飛ばしたのは客席から聞こえてきた大声援だったという。「会場のすべての観客が追いかける能代工の味方になってくれたようなものすごい声援でした」。自分たちのワンプレー、ワンプレーに歓声と拍手が沸き起こる。目に見えない膨大なエネルギーが背中を押してくれるような気がした。ファウルを受けた岩谷がフリースローを2本決めて8点差になったとき、残り時間は2分58秒。山本は心の中で「ここからだ！」と思った。

秋田の漁師町に生まれた山本は2歳上の兄、健蔵の後を追うように能代工に進学した。170センチ強の上背がある健蔵は東北大会初優勝に貢献したスコアラー。一方、弟の富美男は165センチと小柄だったが、幼い頃から近くの砂浜を遊び場にしてきたせいか足腰が強く、走らせても跳ばせても群を抜く運動能力が光った。だが、3年生になったある日、加藤から思いもよらぬ一言を告げられる。「おまえはシュートを打つな」――。「キャプテンの仕事はチームをまとめることだ。シュートは打たなくていい。チームを一つにする役割に専念しろと言われました」。練習で一番怒られるのは常に自分。

誰のミスであろうと真っ先に怒鳴られるのも自分。理不尽だと思うことはあったが、それもまたチームをまとめるキャプテンの仕事なら進んで受け入れよう。コートの上では周りを生かすことを一番に考え、打つより打たせるプレーに徹した一年だった。

残り時間は15秒。得点板の数字は73－74。能代工最後の攻撃が始まった。この日37得点とあたっている吉田幸二が右ドライブでゴールを狙うが、2人がかりのディフェンスに阻まれパスアウトする。そのパスを受けたのはフリースローラインの左側にいた山本だった。残り3秒、選択肢は一つ。山本が素早く放ったシュートはきれいな弧を描き、リングの上方で2度、3度小さく回転した後、ストンとゴールを通過した。75－74。能代工の勝利を確信した観客席から耳をつんざくような歓声が沸き上がる。そして残り3秒を守り切った能代工は国体初優勝に輝き、同時に全国大会初の頂点に立った。

「すべての観客が能代工の味方についてくれたみたいだった」と振り返った山本は、「やっぱり誰しも負けているチームが追い上げる姿を応援したくなるものなんでしょうねぇ」と笑う。だが、それだけではないだろう。残り3分で10点差を覆した能代工には応援せずにはいられない何かがあったに違いない。粘り、集中力、闘争心――。そうしたもの

埼玉国体で全国初優勝を果たしたチームは、地元能代で盛大に出迎えられた

が一つになったオールコートゾーンプレス。観客の心をとらえたのは秋田の小さなチームが見せた〝最後まで勝利を諦めないひたむきなプレー〟だったのではなかろうか。山本が沈めたラストシュートは、まさにその能代工を象徴する渾身の一本だった。

圧倒的な強さで二冠達成

埼玉国体で優勝した翌年、チームにこれまでにない長身選手が入部する。184センチの小玉一人だ。野球をやっていた小玉は父の転勤に伴い中学2年の終わりに能代に引っ越してきた。加藤がこれを見逃すはずはない。中学を卒業したらぜひ能代工のバスケット部に入ってほしいと早速、口説きに出かけた。しかし、高校で野球を続けるつもりだった小玉と、息子の意思を尊重したい両親から返ってきたのは丁重な断りの言葉。それでも加藤に諦める気配はまったくなかった。最終的に小玉が能代工への進学を決めたのは「加藤先生の熱意に負けた」ということなのだろう。野球一筋だった少年が厳しい練習で知られる能代工バスケット部に入部した時点で味わう苦労は容易に想像できるが、小玉の武器は幅のある長身の体だけではなく、決めたことをやり通すメンタルの強さにあった。「練習はすべてめちゃくちゃハードでしたけど、野球とは全然違う練習メニューが新鮮で、辛くてもやめたいとは思いませんでした。やめたいと思ったことは一度もなかったです」

能代工の特色の一つに練習を管理するマネージャーの存在がある。部活動のマネージャーと言えば雑務一般を引き受ける縁の下の力持ちのイメージがあるが、能代工は違う。「うちのマネージャーは監督不在のときにチームを仕切る、言わば私の分身」と加藤が言うように練習では監督に代わって笛を吹き、部員に指示を与える権限を持っていた。小玉が入学した年のマネージャーは及位《のぞき》典司。バスケット経験がないにも関わらず、能代工のバスケットに憧れて中学浪人してまでやってきた変わり種だ。その及位がつきっきりで小玉のトレーニングを始めた。毎日、早朝に行われるトレーニングは「及位学校」と命名され、小玉のほかにも3、4人の新入生が参加していたが、加藤がこの「及位学校」の存在を知ったのは2カ月後。自分に内緒で勝手に行っていたことを叱ろうとしたが、目の前の小玉の姿に怒声が引っ込んだ。よく見れば小玉の体は驚くほど引き締まっている。基礎技術の進歩も顕著だった。

「及位さんに鍛えられたあの時間は自分にとってすごく大きかったと思います」と当時を振り返った小玉はもう一つ、自分が伸びた要因として2人のガードの名前を挙げた。「同じ新入生の山本浩二、三沢辰夫ですね。当時から彼らのポテンシャルは図抜けていました。能代工に入学したとき184センチだった私の身長はその後も伸び続け、3年になる頃には192センチになっていましたが、その私をうまく使ってくれたのはあの2人。私の高さが生きたのは、あの2人の存在があったからこそだと思っています」

小玉が名指しした山本浩二（故人）は健蔵、富美男に続いて能代工に入った「山本3兄弟」の末っ子だ。パスセンスとシュート力に長け、卒業後は明大からNKKに進み、1976年にはモントリオール・オリンピックの代表メンバーにも選出された。また、クレバーなガードとして注目を集めた三沢辰夫は日体大を経て熊谷組で活躍。山本と同様、当時の日本バスケットボール界を盛り上げた選手の一人である。超高校級と言われた2人のガードが3年生になった能代工の強さは格別だった。1970年（昭和45年）には和歌山インターハイ初優勝、続く岩手国体でも頂点に立ち、創部初の二冠を達成。

1970年の和歌山大会でインターハイ初優勝。決勝では慶応を85－66で下した

和歌山インターハイの古いスコアブックをめくってみると、1回戦から準々決勝まではオール100点ゲーム。準決勝、決勝も20点近い大差をつけて勝利しており、追従を許さぬ戦いぶりが見てとれる。

さらにインターハイ後に出場した第1回アジアユース大会（韓国で開催）では準優勝の快挙を成し遂げた。「20歳未満の選手で構成されるチーム」が出場条件とされるこの大会で唯一の〝純粋な高校生チーム〟の快進撃は現地でも大きく報道されたと聞く。初の二冠とアジアでの快挙。加藤が指揮を執って11年目のこの年は、能代工にとってまさに飛躍の一年であったと言えるだろう。

苦境を乗り越え、チームで勝ち取った三冠

スポーツの世界では「優勝より難しいのは連覇することだ」と言われる。能代工もまた然り。二冠を獲得した翌年のインターハイは3回戦で敗退し、国体も準決勝の壁を破れなかった。さらに追い打ちをかけたのは加藤の〝不在〟である。1972年（昭和47

年）の2月、急性腎炎で倒れた加藤はそのまま入院を余儀なくされた。

極度の倦怠感、頻発する血尿など病状は重く、医師から完全治癒は難しいと告げられた加藤は「死も覚悟した」と言う。前年から始まった全国高等学校バスケットボール選抜優勝大会が目前に迫っていたが、退院許可が出るはずはなく、監督不在のベンチを鈴木峰晴、及位典司の両コーチに託すことになった。部長の平川金之助（故人）がチームを統率すべく奔走し、チームは予定どおり東京に出発。大会では優勝こそ逃したが、決勝戦で中大附属と1点を争う激闘を演じた。大会の報告をするために選手たちが病室を訪れたときのことを加藤は後にこう述べている。「首にかかった銀メダルを見たとき、選手たちを誇りに思いました。私が不在の中、みんな頑張ってくれたなあ、立派に戦ってくれたなあと、胸が熱くなったのを覚えています」。

しかし、その半年後、ようやく退院の許可を得て向かった福島インターハイで加藤は自分が不在にしていた半年の重さを知ることになる。ボールに対する執着心の欠如、形ばかりのゾーンプレス。能代工が武器としてきたものはすべからく劣化していた。なんとか3位に滑り込んだものの、春に1点差だった中大附属との準決勝は75－92で完敗。

「早急に立て直さなければならない」。医者からは「退院したからといって安静が必要なことに変わりはない、無理は厳禁」と釘を刺されていたが、自宅で休養している時間はない。能代に戻った初日、加藤は車椅子に乗って体育館に向かった。「能代工のバスケットを必ず取り戻してみせる」。頭にはそのことしかなかった。

毎年12月に開催される全国高等学校バスケットボール選手権大会（通称ウインターカップ）の前身は、1971年（昭和46年）から始まった全国高等学校バスケットボール選抜優勝大会（通称「春の選抜」）であり、その呼び名が示すとおり毎年3月に開催されていた。出場資格は3年生を送り出した後の1、2年生に限られることから、位置づけとしては新チームの力を試し、勢力図を占う大会だったと言えるだろう。3年生も出場できる冬に移行した1988年（昭和63年）以降は一年の集大成を競う大会に形を変えたが、いずれの時代においても高校バスケット界のビッグタイトルであることに変わりはない。

能代工が春の選抜で初優勝したのは1974年（昭和49年）。連覇を果たした翌

選抜初優勝の瞬間。４度目の出場で頂点に辿りついた

1975年(昭和50年)にはインターハイ、国体の王座も勝ち取り、創部以来初めての三冠王に輝いた。快進撃は続き、翌年にはすべての大会で連覇を達成。加藤がチームの再建を誓った日から3年、能代工は「高校界屈指の強豪校」と呼ばれる時代を迎えた。

「黄金期? 結果を残したという意味では確かにそう呼べるかもしれませんが、最初の三冠は苦しんで苦しんで勝ち取ったもの。東京インターハイも三重国体も度重なるアクシデントに見舞われ、内心どうなることかと思いました」。後年、連続三冠王の偉業を〝黄金期〟という言葉で称えたとき、加藤はそう言って苦笑した。聞けば、最初のアクシデントは東京に向かう列車の中で起こったという。冷房にあたったセンターの田口秀夫と見上義男が揃って腹を壊してしまったのだ。中でもチーム最長身(189センチ)の田口の症状は重く、大会出場は絶望的だった。

この年の能代工は冷静沈着で堅実なプレーが光るキャプテンの舟木喜美雄、スピードと意表を突くパスで相手を翻弄する小野秀二と対照的な有力ガードを擁し、小粒ながら攻守にバランスがとれたチームに仕上がっていた。春の選抜に次ぐ優勝が射程内だったことは間違いない。だが、まさかここに来て田口を欠くことになろうとは……。加藤は頭を抱えた。ところが、そこに思わぬ救世主が現れたのだ。2年生の長崎高夫である。

身長こそ184センチと際立って高くはなかったが、胸板の厚いがっちりした体は八郎潟中学時代から目を引き、今後の主力として加藤は大きな期待を寄せていた。しかし、入学してしばらくすると遅刻、欠席が目立つようになり、部活をさぼる日も増えた。「長崎がバスケット部をやめたいと言っている」という噂が耳に届いたのはそんなときだ。部長の平川の話によると家庭環境に問題があるらしい。親が留守がちな家で長崎はいつも自分で食事をつくり、一人で食べるという生活を送っていた。日によっては深夜に晩飯を食べて朝方に眠る。遅刻が多いのはそのためだろう。だが、本人は一切言い訳をしない。叱ってもただ黙ってうつむいているだけだった。

長崎の複雑な家庭事情を知った加藤は「指導者として忸怩たる思いに駆られた」と言う。熟慮した上で長崎の家を訪ね、「高夫君をうちに下宿させてほしい」と申し出た。「息子のように大切にしますので、どうか預からせてください」と。加藤が自宅に選手を下宿させるのはこれが初めてではなかった。監督に就任して4年目には成田勝を下宿生にしている。実家が遠いということもあったが、当時チームで一番身長が高かった（180

センチ）成田がときおり練習をさぼるのを見かねて声をかけたのだ。家ではアメリカのバスケットの話をしたり、ときには個人レッスンをすることもあった。やがてチームの主力となった成田は、大学（芝浦工大）に進んだ初めての教え子となり、後年には秋田いすゞ自動車バスケットボール部の監督を務めるまでになる。

成田と長崎では事情は異なるが、バスケットの才能の芽を摘みたくないという思いは同じだ。親の承諾を得て、長崎が引っ越してきたのはそれから間もなくのこと。部活をやめたいと言っていた長崎はもう一度バスケットに向き合い、東京インターハイの大舞台でチームの窮地を救っている。懸念された初戦（対近大附属）で次々とリバウンドをもぎ取り、チームトップの19得点をマーク。見つめる加藤の胸には万感の思いがあった。

2回戦、3回戦を順調に勝ち進んだ能代工は準々決勝で大会の山場を迎える。相手は前年の福岡インターハイで延長戦の末に敗れた相模工大附属（現・湘南工科大附属）。監督の浮田剛と加藤は日体大時代の同期生であり、キャプテンでシューターの野口幸二はそのポテンシャルの高さから小野の最大のライバルと言われていた。「因縁の一戦」、「事実上の決勝戦」という言葉どおり、試合はスタートから一進一退の攻防を見せ、どちらも譲らないまま終盤のドラマを迎えることとなる。

アクシデントは後半残り2分に起こった。相手選手と激しく競り合った小野が転倒し、起き上がることができなくなってしまったのだ。仲間たちに運ばれてベンチに下がる小野を見た相模工大附属の浮田は4ファウルでベンチに下げていた野口をすかさずコートに戻す。一方、加藤は選手たちに3－2のゾーンプレスを指示すると「いいか、小野がいなくても慌てるな。お前たちが能代工の意地を見せてやれ」と檄を飛ばした。この檄に応えるかのごとく躍動したのは小野に代わった大石広幸だ。コートに出るや否や、野口のシュートを見事にカットしてそのまま速攻に持ち込む。さらにこのワンプレーに焦った野口が直後に5つ目のファウルを犯して退場すると、流れは能代工に傾いた。

しかし、時間内に決着はつかず、試合は延長戦に突入する。捻挫した足首をテーピングで固めた小野が戦列復帰したのはそのときだった。場内のムードは最高潮に達し、能代工に傾いた流れはここで本流となる。粘る相模工大附属を突き放し、102－97で試合終了。後に大会随一と評された激闘をものにした能代工は、続く準決勝（対土浦日大）、決勝（対京北）と高さで勝る相手を撃破して2つ目の栄えある王冠を手にした。

史上初の三冠を祝して行われた優勝パレード。トラックの荷台から選手たちが手を振る

だが、なおも試練は続く。三重国体で起こった3つ目のアクシデントは、それまでで最も大きかったと言えるだろう。会場となる津市に到着して行った練習で、小野が再び足を痛めてしまったのだ。今回は歩行困難なほど、重度の捻挫だった。加藤は目前にあった優勝が遠のくのを感じた。ところが、ここでも新たな救世主が出現する。小野に代わって先発した板橋久和が予想を大きく上回る活躍を見せたのだ。決勝の東京戦を67－63で下した能代工は遂に3つ目の王冠を勝ち取り、「三冠王」の称号を部史に刻んだ。

「あの三冠で一番うれしかったことはね」――。インタビューに答えた加藤の言葉を思い出す。「一番うれしかったことは控えの選手たちの活躍です。長崎、大石、板橋……。彼らの頑張りがなかったら、あの三冠は達成できなかった。だから、あの三冠はチームで勝ち取ったもの。私が一番うれしいのは、胸を張ってそう言い切れることです」

三冠チームが生んだ3人のヘッドコーチ

三冠を達成したこの年のチームにはもう一つ特筆すべきことがある。3年の小野、2

年の内海知秀、1年の鈴木貴美一の3人が後に日本を代表するコーチとして名を残すことになるのだ。

地元能代市出身の小野は中学時代に陸上の長距離選手として嘱望されたほど強い心肺機能を誇り、集中力を切らすことなく40分走り続けられる選手だった。長いリーチとしなやかなボディーコントロールも武器の一つ。ゴール下でジャンプしながらディフェンスをかわす技は「NBAの選手を彷彿させる」と評された。天性のセンスが生み出すノールックパスやバックビハインドパスもまた「日本人離れしたプレー」と話題を呼び、常日頃から「東北のチームに派手さはいらない」と語っていた加藤ですら「小野だけは別だ」と目を細めるほどだった。

青森出身の内海は中学時代に出場した東北大会での活躍が加藤の耳に入り、請われて能代工に入学した。「当時、県外から来ている選手は自分を含めて2人だけで、入学当初は能代弁の意味がわからず、まずそこで苦労した」と笑う。練習は予想以上に厳しく、「慣れるまでは筋肉痛で下宿の階段を上がれなかったほど」と言うが、体がついてくるようになると朝練に一番乗りして一人でシュート練習を行い、部活終了後も最後まで残

華麗なプレーで多くのファンを虜にした小野秀二

って練習。下宿に帰って夕飯を食べた後はランニングで汗を流すことを日課とした。もともとあったシューターとしての才能はこうした努力とともに大きく開花していく。2年時に先発メンバーに抜擢されるが、このとき加藤は「この一年で著しく成長した選手」と評した。東京インターハイの準々決勝で27得点を稼いだ高確率シュートも忘れ難い。

中学まで野球をやっていた鈴木はバスケット選手だった父と加藤が同い年だったことが縁で能代工に進んだ。当時の身長は175センチ足らず。だが、足のサイズは29・5センチあり、加藤から「君は将来大きくなりそうだ。うちのチームにほしいなあ」と言われたことがうれしくてバスケットを始める決心をしたのだという。「要するに加藤先生のお世辞を真に受けてしまったわけです」。バスケット経験がなく、華奢で小柄な鈴木にとって能代工の練習は過酷そのものだったが、「こう見えてメンタルだけは強いんです」と言う鈴木は弱音を一切吐かなかった。50人いた新入部員が次々とやめていき、16人になったときも「一番下手くそな選手として頑張っていました」。努力が形になっていくのと比例するように伸びた身長は3年時に187センチ。3日でやめるだろうと噂された鈴木がスタメンに抜擢されたのは新チームで迎えた県大会だった。

1976年の長野インターハイでの表彰式。⑦内海知秀らを擁したチームは連覇を達成

高校からバスケットを始めた鈴木貴美一だが、3年時に先発メンバーに抜擢される

3人に共通するのは大学時代から主力として活躍し、日本代表メンバーに選出された経歴を持つこと。現役引退後、それぞれ地方の大学で指導者の道に入り、そこからトップリーグのヘッドコーチを務め、日本代表チームを率いる経験を積んだこと。中でも女子の指導者となった内海は2004年（平成16年）のアテネ、2016年（平成28年）のリオデジャネイロと2度のオリンピックを経験している。選手が引退後に指導者の道を選ぶことは珍しくないが、同じチームにいた3人が揃って日本を代表するコーチになるのは極めて稀だ。鈴木は言う。「バスケットの戦略、戦術、プレースタイルには変化がありますが、基本となるメンタルは変わりません。ヘッドコーチとして僕のベースになっているのは、昔も今も能代工で学んだことです。おそらくそれは小野さん、内海さんも同じ。3人に共通したものだと思っています」

初の三冠王に輝いた翌年（1976年）、内海と長崎を2本柱とした能代工は「連覇は優勝より難しい」というハードルを軽々と飛び越え、春、夏、秋と余裕の戦いで2年連続の三冠奪取に成功する。この頃には誰もが能代工を「勝ってあたり前のチーム」とみなすようになっていた。だが、毎年メンバーが変わる高校バスケット界では、どんなに強豪と呼ばれようと、一つのチームが頂上に立ち続けることは不可能と言っていい。2連連続三冠王となった翌年(1977年)、能代工は無冠の屈辱を味わうことになる。「ここからまた這い上がろう」。加藤は自分にそう発破をかけた。

佐藤重美

（昭和39年卒）

さとう・しげみ／1944年（昭和19年）生まれ、秋田県出身。キャプテンを務めた3年時のインターハイ（1963年、三条大会）に出場。司令塔としてチームを牽引し、2回戦突破を果たした。高さに挑戦する能代工の平面バスケットボールを体現し、全国大会常連校となる道を切り拓いた一人である。

「16歳の私を突き動かしたオーラ」

ライオンみたいな先生

私が能代工に入学したのは昭和36年ですが、実はその前に鷹ノ巣農林に通っていました。もちろんバスケット部です。

だけど、監督が不在で上級生が監督代わりを務めるようなバスケット部の環境が自分には物足りなかったんですね。そんなある日、県の大会で能代工を見ました。まず衝撃を受けたのは加藤廣志先生の眼力です。離れたところから見ても、ものすごい気迫が伝わってきました。「ライオンみたいな先生だな」と思ったのを覚えています。

その姿を見ていたら、なんて言うんでしょうね、自分が今やっているバスケットが生ぬるい遊びみたいなものに思えてきたんです。「能代工に入ってこの先生の下でバスケットがしたい」と思ったのはそのときです。親を説得して鷹ノ巣農林に退学届けを出したのが10月。それから受験勉強と自己流のトレーニングを続け、翌年の春に能代工に無事入学することができました。人に話すと「せっかく入った高校をやめてまで、よく能代工に行く決心をしたなあ」とか「すごい行動力だね」とか言われますが、本当にすごかったのは加藤先生から放たれていたオーラです。16歳の私を突き動かしたのは間違いなくあの強力なオーラでした。

当時の能代工バスケット部には中学の同級生がいました。家も3軒隣りで幼なじみの畠山満です。中学3年間、同じバスケ部で汗を流した仲間ですが、その畠山が能代工では1年先輩の「畠山さん」になりました。でも、そんなことは全然気にならなかったですね。練習は予想どおりの厳しさで、まず1年生はほとんどボールに触らせてもらえません。やるのは毎日とことん走ることだけです。ボールに触れるようになるのは3年生が抜けて新チームになる頃ですが、気がつくと20人ほどいた新入部員は7人になっていました。

当時、秋田県で強かったのは秋田、秋田工などで、私が入った頃の能代工は県でベスト8、よくてベスト4ぐらいでした。とにかくサイズがありません。平均身長は170センチにも満たなかったんじゃないでしょうか。でも、その分、鍛え抜かれた走力があり、粘り強く泥臭いプレーが武器でした。

人生を支えてくれた貴重な3年間

忘れられないのは私が3年のときの全県大会決勝戦ですね。ここで勝てばインターハイ出場が決まる大一番、相手は秋田工でした。個人的な話になりますが、このときの秋田工のキャプテンは私の中学時代の一つ後輩。学業成績も素晴らしく、バスケットもうまい疋田伸一という選手でした。その後輩の疋田君と私がマッチアップすることになったのですが、正直、とてもやり辛かった。すると前半を終えたとき、加藤先生からマッチアップを変える指示が出ました。私がやり辛そうなことをしっかり見抜いていたんですね。この試合はずっとシーソーゲームでしたが、最後の最後に僅差で勝利をものにしました。

初のインターハイ出場を決めたのは大きかったですが、もう一つ大きかったのは、それまで秋田工や秋田の高さに感じていたコンプレックスを払拭できたことだと思います。小さくても自分たちの〝走るバスケット〟を貫けば勝てるんだという自信を得ることができました。出場した三条インターハイは3回戦で敗れましたが、夏のあの大舞台にキャプテンとして立てたことは今も私の誇りです。

今、こうしてあらためて能代工での3年間を振り返ると、次から次へと思い出が浮かんでくるものですね。インターハイ前に鈍行列車に揺られて行った新潟遠征。夕食を取り損ねて向かった三条での練習試合。合間にふるまわれたラーメンの味。その翌日、強豪の三条を相手に2点差まで迫った試合。バスケット以外ではみんなで海に行ったことが忘れられません。海水浴は厳禁とされていた当時、海には入らないから一日だけ休みをくださいと加藤先生に頼み込んで、みんなで出かけた岩館海岸。浜辺ではしゃいでいると、誰かが「おい、あれ、大将（加藤の愛称）じゃないか？」と言うので振り向くと、私たちに気づかれないようにこっちをうかがっている加藤先生の姿があってびっくりしました。海に行く私たちに何かあったらと心配で自分もついてきてしまったと聞いて、またびっくり。練習ではただただ怖い加藤先生の思わぬ一面を見たあの夏の日も、私にとって大切な思い出の一つです。

苦しいことが山ほどあった3年間でしたが、同時に得たものも山ほどありました。長い人生から見ればたった3年。でも、それはその後の私の人生を何かにつけて支えてくれた貴重な3年間だったと思っています。

及位典司

（昭和44年卒）

「能代で過ごした日々は私の青春そのもの」

のぞき・てんじ／1950年（昭和25年）生まれ、秋田県出身。加藤廣志監督に「私に劣らぬバスケ馬鹿」と言わしめたマネージャー。卒業後は能代一中のコーチを経て、友川かずき（2004年に友川カズキに改名）の芸名で歌手デビュー。詩人、画家、俳優として幅広く活躍し、能代工バスケット部に触れたエッセイも数多い。

中学浪人を経て念願成就

実は私は中学まで野球をやっていました。だけど、冬になると雪でグラウンドが使えなくなっちゃうんですね。だから

その間は廊下を走ったり、バスケット部の連中と遊び半分でバスケをやったりしていたんです。これが思いのほか楽しくて、だんだん野球よりバスケの方が好きになっていきました。能代工のバスケット部が強いのは知っていましたが、実際

に試合を見たことはありませんでした。

初めて試合を見たのはテレビですね。あれは確か東北大会の決勝戦で、相手は日大山形だったと思います。相手チームには大きな選手がいました。能代工の選手はみんな小さいのですが、その小さい選手たちがとにかくにもよく走りました。おいおい、こりゃすごいなと思って見ていたら、とうとう最後まで走り抜いて大きな相手を負かしてしまったんです。その戦いぶりに私はえらく感動しました。何か、こうガツーンと殴られたみたいな衝撃を受けたんですね。根が単純なものですから、その場ですぐ「能代工でバスケットをやろう」と決めました。「やりたい」じゃなくて「やろう」です。

ところが、学業成績が芳しくなかった私は翌年の受験に失敗。一年の中学浪人を経て次の年になんとか合格することができました。私にとって能代工入学はイコール、能代工バスケット部入部です。それまでバスケット経験などないに等しい私にとって無謀とも言える挑戦でしたが、頭の中にあったのは「能代工でバスケをやる」ということだけ。基礎を教わりながら必死で練習する毎日は大変でしたが、念願成就の充実した時間でした。でも、一年が過ぎると有望な新入生が入ってきます。そこで私はマネージャーに転身することにしました。

能代工のマネージャーはいわゆる雑務ではなく、練習の仕切りも任されます。戦略、戦術、それに伴う練習はもちろん加藤先生が行いますが、仮に先生が不在のときでも練習の雰囲気や士気を落とさないようにするのはマネージャーの仕事。私はやりがいを感じていました。ただ、全国大会などに行くとき、チームに帯同できるのは3年生のマネージャーだけです。だから2年生のときの埼玉国体に自分は行けないと思っていました。でも、なぜかその国体に加藤先生は私を連れて行ってくれたんですよ。理由は今でもわかりません。わかっているのは、埼玉国体で能代工が初めて全国優勝したこと、その場に自分が立ち会えたことです。

松江工との決勝戦はまさしく死闘でした。最後の最後に山本富美男さんが放った逆転シュートがリングに吸い込まれたときの歓喜！　体中の血が沸き立つとはあの瞬間のことを言うんでしょう。ますますバスケットにハマった私の中に「バスケットの指導者になる」という夢が生まれました。

加藤先生はただ者ではなかった

その第一歩が能代一中バスケット部の指導です。能代工卒業後は加藤先生のお宅の離れに無料で住まわせてもらい、能代一中のバスケット部を見る毎日が始まりました。当時の能代一中には、後に日本代表になる小野秀二を筆頭に素質のある選手が多数在籍しており、「このチームを日本一にする」と意気込んだ私は能代工の練習メニューを取り入れたり、加藤先生に頼み込んで能代工と一緒に練習させてもらったりしました。けれど私の指導は所詮、能代工の練習のコピー。言わば加藤先生のコピーに過ぎなかったんですね。

当時を思い出すたびに情熱のまま突っ走っていた自分が恥ずかしく、それにつき合わせてしまった選手たちには申し訳ないという気持ちが湧いてきます。ただ同時に「このチームを日本一にする」という自分の情熱、バスケにかけたあの日々に嘘はなかったとも思うのです。若い自分をあそこまで駆り立てたのはまぎれもなく能代工のバスケット、ひいては、加藤廣志という「偉大なバスケ馬鹿」の存在でした。

その後、紆余曲折を経て指導者の道を諦めた私は、自分がつくった売れない歌を唄う歌手となり、本を書き、絵を描く人生を歩んできました。レコードや著作本を送るたびに加藤先生からは丁寧な返信が届き、それどころか不肖の教え子のためにわざわざライブハウスまで足を運んでくださいました。それが鬼より怖いと言われた加藤先生のもう一つの顔。愛情深い大将の顔です。

最後に私が一番好きなエピソードを紹介します。田舎の運動部では丸坊主があたり前だったあの時代、加藤先生は「バスケット部だけは髪を伸ばしていいことにしてほしい」と校長に直談判したそうです。その理由は「髪があった方が少しでも背が高く見えるから」――。発想が普通じゃないですよね。この話を思い出すたび、寝ても覚めても能代工のバスケットのことを考えていた加藤先生の姿が浮かんできます。そして、ああ私の唯一無二の師はやっぱりただ者ではなかったなあと思うのです。

小野秀二

（昭和51年卒）

おの・しゅうじ／1958年（昭和33年）生まれ、秋田県出身。能代工初の三冠時のメンバー。卓越したボールハンドリングと類を見ないトリッキーなパスで会場を常に沸かせた。卒業後は筑波大から住友金属に進み、日本代表も経験。現役引退後は指導者の道を選び、幅広いカテゴリーでその手腕を発揮している。

仲間たちの「勝ったぞー！」の声が懐しい

誰よりもうれしかった三冠

中学生のときに私が考えていた進路は、能代高から大学に進み、教員になることでした。バスケットは大好きでしたし、外部コーチとしてチームを見てくれた及位典司さんが能代工のＯＢだったこともあり、能代工にはよく練習に行っていましたが、正直、能代工に進学するつもりはなかったんです。だからある日、加藤先生ご夫妻が家に来られて「能代工に進む気持ちはないか」と聞かれたときも、すぐには返事ができませんでした。「わざわざ加藤先生が来てくださったのに、どうして煮え切らない態度をとるんだ」と、後で親父に叱られたことを覚えています。「行きます」と返事をしたのは及位さんを伴って再度、家に来てくださったときですね。

能代工に進めば、バスケットに専念することになる、ならば将来はバスケットの指導者を目指そうと思いました。当時の指導者はイコール教員でしたから。自分の夢がぶれることはないと考えたんです。

当時の私はとても線が細く、激しくぶつかり合う練習ではしょっちゅう吹っ飛ばされていました。軽い怪我は日常茶飯事。壁にぶつかって脳震とうを起こしたこともあります。ただ中学3年のときに及位さんの指導で能代工の厳しい練習を経験していたので、それほど辛いとは思いませんでした。一番きつかったのはやっぱり伝統のゾーンプレスの練習とハンデゲームでしょうか。ハンデゲームというのは残り3分で10点差を覆す練習です。追う方も追われる方も必死ですから、毎回激しいせめぎ合いが続きます。本当に苦しい3分間でしたが、おかげで強い闘争心が植えつけられたような気がします。

思い出に残る試合はいっぱいあります

よ。その中で一つ挙げるとしたら、3年生のとき（1975年）の東京インターハイ準々決勝でしょうか。相手は前年の福岡インターハイで敗れた相模工大附属。シューターの野口幸治君は当時私のライバルと言われていた選手でした。予断を許さぬ展開の中、後半残り2分に捻挫して戦線離脱を余儀なくされたこと。延長戦にもつれ込んだとき、痛めた足首をテーピングでガチガチに固定して再びコートに立ったこと。「あの足でよく走れたなあ」と今でも思うんですよ。勝利した喜びとともに忘れられない試合です。

怪我にまつわる思い出はこれだけではありません。三冠がかかったその年の三重国体では、本番直前の練習で捻挫。かなり重度だったため歩くことさえままならず、会場にも行けませんでした。試合が終わると、宿で一人留守番している私の部屋に「勝ったぞー！」と仲間たちが報告に来てくれます。怪我で試合に出られない悔しさ、みんなに迷惑をかけている申し訳なさ、自分の中にはいろんな思いがありましたが、今、何より懐かしく思い出すのは「勝ったぞー！」と部屋に駆け込んできたみんなの笑顔です。決勝戦は仲間におぶわれて会場に行きました。目の前で決まった優勝と三冠達成。撮影した記念写真には誰よりもうれしそうに笑う自分がいます。

高校時代に学んだもの

当時のメンバーのほとんどは秋田県出身。県外から来ていたのは同学年の田口秀夫（岩手出身）と、１年下の内海知秀（青森出身）だけでした。色白で体が細い田口は毎日職員室で牛乳を飲まされ、逆に体の強い内海は人一倍ハードな練習を強いられる、その姿を私たちは見ていました。すると、なんとか２人をフォローしたい気持ちが芽生えるんですね。県内の自分たちが県外から来た２人を自然にフォローするようになりました。思えば、加藤先生はそういうこともちゃんと計算していたんじゃないでしょうか。それは自分が指導者になって気づいた加藤先生のすごさです。

現役引退後、指導者になった私はさまざまなカテゴリーのチームを見てきましたが、あらためて感じるのは、コーチとしてのフィロソフィーの根幹にあるのは能代工で学んだものだということです。トランジションの速さ、ルーズボールやリバウンドに対する強い執着心、最後まで決して諦めないメンタル。それらはいずれも高校時代に加藤先生から叩き込まれたものであり、現役時代はもとより、コーチとなっても変わらず私のバスケット人生の指針となりました。63歳の今日までバスケットに携わって生きてこられたのも、自分の根っこに能代工で培ったものがあるおかげだと思っています。

縁あって能代工が「能代工業」と呼ばれる最後の年に監督としてチームを指導させてもらいました。私は能代で生まれ育っていますから、能代工の歩みをつぶさに見てきています。1967年の国体で初めて勝ったあの頃から愛され始めて、能代カップが始まって、田臥勇太君の頃にさらに盛り上がって、ちょっと勝てない時期があって……と、それだけ歴史が長いので、市民の方々の目は肥えていますよ。今でも差し入れを持ってきてくださる方がいますし、厳しい話をしてくださる方もいます。

「能代工のバスケットは街に元気を与えてくれるし、それがあることでほかの産業も引っ張られてうまくいく」というのはうちの親父の弁ですが、能代工はまさにそういう存在なんです。ゴールデンウイークに開催される能代カップには他県のチームが参加してくれるので、それに伴い多くの関係者が集まることでホテルやレストランも賑わいます。そういった意味でも能代市における能代工の存在は大きいと言えるんじゃないでしょうか。

校名は変わってもバスケットの現場は変わらないですよ。ユニフォームの校名に「ん?」と違和感を持つ人がいるかもしれませんが、プレーを見れば「これは能代工だ」と思ってもらえるはずです。注目すべきは校名ではなく、能代工の魂がこもったプレー。選手たちはそれを忘れずこれからも頑張ってくれると信じ、同時に期待しています。

私が能代工のユニフォームを着ていたときから50年近い年月が流れ、日本のバスケットは大きく変化しました。ただ、その中で変わらないものもあります。どんな姿勢でバスケットと向き合うのか、どんな気持ちでコートに立つのか、指導者として一番伝えたいものは私の中で変わることはありません。

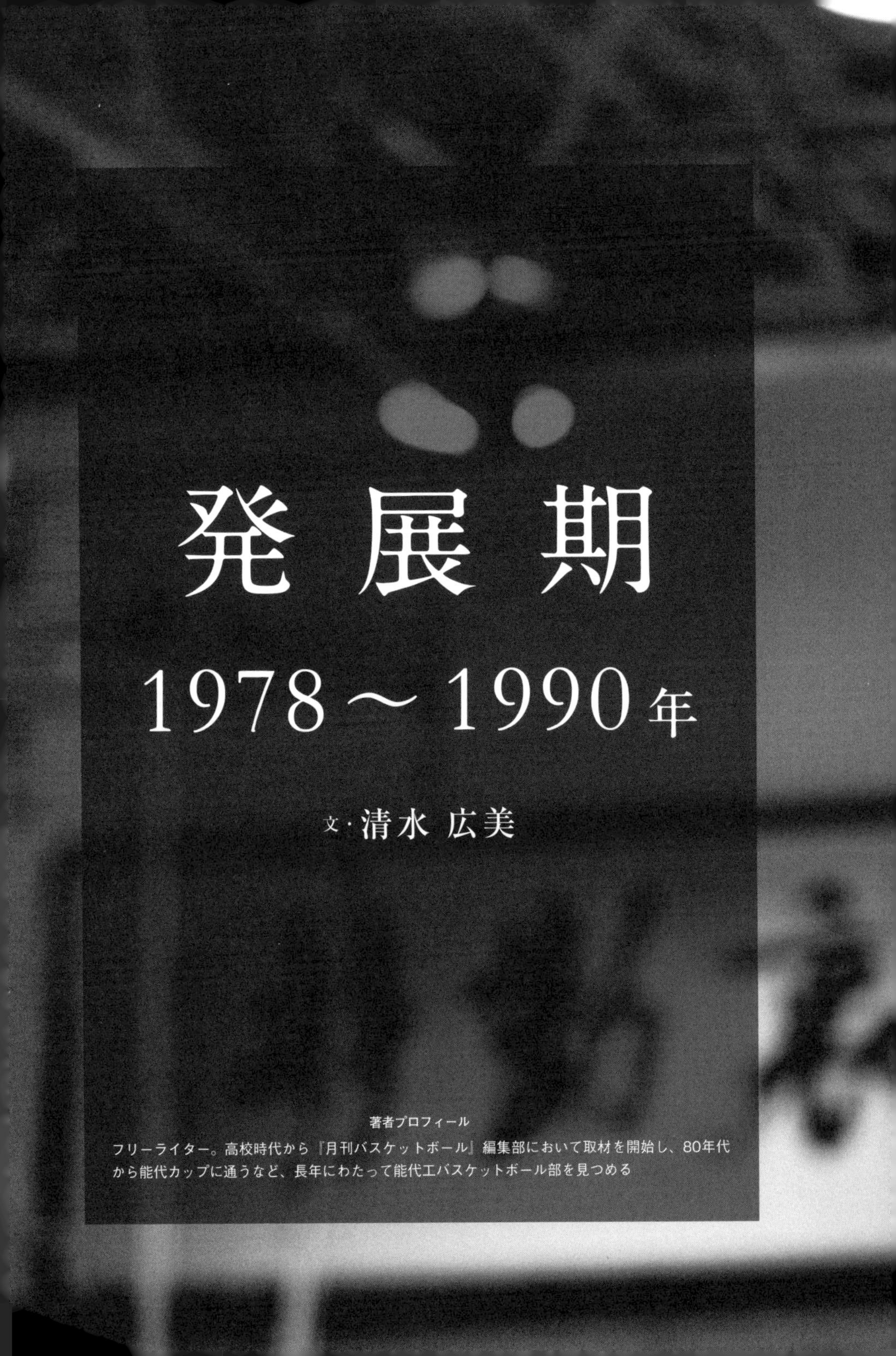

発展期
1978～1990年

文・清水 広美

著者プロフィール

フリーライター。高校時代から『月刊バスケットボール』編集部において取材を開始し、80年代から能代カップに通うなど、長年にわたって能代工バスケットボール部を見つめる

加藤廣志の監督就任後、能代工は全国大会の常連となり、国体、インターハイ、春の選抜で優勝。1975年（昭和50年）には史上初の高校三冠と快進撃は続いた。1985年（昭和60年）にはインターハイ7連覇を達成し、高校バスケットボール界に多くの功績を残すとともに、名実ともに全国のバスケットボールファンを魅きつけていった。

ファンだけではない。秋田県内の中学生のみならず、県外からの入学志願者も増えた。さらに、それまでは小柄の選手たちが主流だったが、大型選手の加入と時代の変化も相まって、さらなる発展を遂げていく。

黄金時代の到来

時代の流れとともに、能代工にも変化が見られるようになった。能代工に憧れて秋田県外から入学してくる選手が増えてきたのである。

1979年（昭和54年）、後のインターハイ7連覇へとつながる第一歩、大津インターハイの優勝時にキャプテンを務めた斉藤慎一もその一人である。福島県喜多方市から来た斎藤を筆頭に、主力として台頭してきた選手が発展期を築いていく。

斉藤は中学3年のときに、内海知秀らが出場していた長野インターハイを見に行っている。そこで能代工のバスケットに惚れ込み、入学を志願したが、家族からも中学の担任からも反対された。志望校の欄に「能代工」と書いたら、「まじめに考えろ」と説教されたほどだ。しかし斉藤はあきらめなかった。能代工の門を自ら叩き、加藤廣志から「合格印」をもらって、反対していた周囲を納得させた。周囲からは「3年間、球拾いで終わるだろう」と思われていた斉藤だったが、高校3年生のときに主力選手として春の選抜、インターハイで優勝を果たす。それどころか、春の選抜では本間大輔、一方井康彦とともに大会ベスト5に選ばれている。

秋の宮崎国体でも優勝候補と目されていたが、福岡大附属大濠を主体とした福岡県選抜に敗れ、三冠には届かなかった。しかし、この年から能代工の黄金時代が幕を開ける。

1980年（昭和55）年には、横手市の大森中学から来た加藤三彦（以降、この章では三彦）、佐藤清美、近藤隆文という、タイプのまったく異なる三人三様のガードが主軸となった。新チームになるとき、加藤はガードを誰にするかで悩んだあげく、一計を案じた。練習後に三彦と佐藤を呼んで、その場でミドルシュートの5本勝負をさせたのである。中学時代はセンターだった三彦にとって分の悪い勝負と思われたが、意外にも5本すべてを成功させる。どんなときでも物怖じしない、勝負度胸がものを言ったのだ。

後年、三彦は当時のことを次のように振り返っている。

「全部こなせなくても何か一つ長所があれば、加藤先生は使ってくれると考えました。初めはトップからシュートを打っていましたが、この距離ではダメだと一歩下がって、現在の3ポイントシュートエリアぐらいから汚いシュートフォームで打っていました」

大学卒業後、母校のコーチになってから毎年3ポイントシューターをつくった三彦の原点はここにあるのかもしれない。

同年、徳島で開催されたインターハイでは、春の選抜でベスト5に選出された佐藤がスターターから外れて近藤がその座に返り咲き、インターハイ連覇を達成。キャプテンを務めた三彦は、準決勝の土浦日大戦が最も印象に残ると答えている。当時の土浦日大は超高校級とも言われた大野和也を擁したチーム。能代工は三彦のミスから残り18秒で

1980年の選抜決勝での加藤三彦。キャプテンとしてチームをけん引した

逆転を許した。しかし試合終了間際にその三彦が放ったシュートで同点に追いつき、延長でも三彦が得意の距離から放ったシュートが決まって3点差で逃げ切っている。

「試合後みんなからぼろくそに言われました。『パスミスをしなければボールを回してゲームセットなのに、一人で演出して、自分で盛り上げるんだもんなぁ』と」

チームメイトから自作自演といわれたエンディングの後、彼らはどんちゃん騒ぎをしたという。また、その後の栃木国体でも土浦日大を下し、4年ぶりに高校三冠を獲得した。

同じ頃、より詳細に書けば、三彦らが2年生になった年、能代工にとってエポックメイキングな出来事が起きている。能代工としては初の2メートル選手（206センチ）となる東出浩一が北海道から入学してきたのである。彼の加入で平面の能代工に高さが加わることになったのだが、入学当初の東出には何しろスタミナがなかった。練習で痙攣を起こしては救急車が手配されることも多々あった。それでも当初5、6分しかなかったプレータイムが、徐々に長くなっていく。3年生になる頃には見違えるほどの成長を見せていた。

三彦らが高校三冠を達成した翌年の1981年（昭和56年）は、スタミナがつき、身長が207センチに伸びた東出を筆頭に、スターターの平均身長が185センチという大型化した布陣で戦った。滋賀国体こそ落としたものの、春の選抜と神奈川インターハイを制して二冠達成。ともに、東北大会で敗れている日大山形を下しての優勝だった。

1982年（昭和57年）も日大山形とのつば競り合いが続き、東北新人大会、春の選抜、6月の東北大会（NHK杯）といずれも日大山形の後塵を拝している。日大山形の監督、中村紀男は「ずっと能代工に負けてきた。1回戦でも決勝でもいい。能代工とやりたい」と、能代工一本に照準を合わせた練習を積んでいたほどだった。一方の能代工は東出が卒業した穴を埋めるのに時間がかかっていた。

ところが、夏の鹿児島インターハイで波乱が起こる。第1シードの日大山形が準々決勝で土浦日大に敗れたのである。決勝に勝ち上がってきたのは、その土浦日大だった。能代工はポイントガードの進藤実、2年生シューターの目由紀宏、しなやかなプレーが持ち味の木村和宏が軸となって、持ち前の平面バスケットを取り戻していた。決勝戦でもそれが炸裂。中大杉並（現・中大附属）の3連覇を上回る、インターハイ4連覇を達成したのである。

この優勝で能代工は全国大会通算20勝目（20回目の優勝）という記録を打ち立てた。勢いに乗った能代工は島根国体の決勝戦でも山形県に勝利し、さらには3度目の出場となるオールジャパン（全日本総合バスケットボール選手権大会）では、関西学生バスケットボール連盟の雄、同志社大を下して観客の拍手喝采を浴びている。高校生がオールジャパンで勝ったのは12年ぶり、能代工にとっては初めてのことだった。

このオールジャパンの直後、加藤は早大競走部監督を務める中村清を訪ねている。当時、能代までたびたび取材に足を運び、全国大会や能代工の特集記事を数多く手がけていた懇意のスポーツライター、別所功の仲介だった。

加藤が中村のもとを訪れたのは、後の世界的マラソンランナー、瀬古利彦を擁した早大が箱根駅伝で30年ぶりに優勝した翌日だった。中村と瀬古は箱根駅伝の優勝におごらず、翌年のロサンゼルス五輪を目指して練習に打ち込んでいた。日本国民は瀬古のマラソン金メダルを期待していたが、中村は「そんなことは人工衛星が落ちて人の頭に当たるぐらいの確率だ」と告げる。「人事を尽くして天命を待つとよく言うが、それは油断の油断。油断大敵であります」と言い放った。

加藤は、中村の言葉におのれを恥じた。

「インターハイ4連覇、同志社大にも勝ったが、浮かれている場合じゃない。早く能代に帰って、また上を目指そう」

中村と出会い、新たなる思いが腹の底から湧き上がってきたのである。

悲願の地元での全国制覇

1983年（昭和58年）は春の選抜、愛知インターハイ、群馬国体を制し、3年ぶり4回目の高校三冠を達成した。

最も接戦となったのは春の選抜である。決勝戦の相手は北陸。同校のキャプテンは、現在の北陸を率いる久井茂稔である。久井がエースガードとしてチームをけん引する北陸との一戦はもつれにもつれ、ブザービーターで延長に突入。72－71で辛くも逃げ切っての優勝だった。

この年の能代工のキャプテンは、1年生のときに加藤からのマネージャー指名を泣いて拒否した田山博則である。実直なキャプテンとなった田山がまとめたチームは夏の愛知インターハイを勝ち進んでいく。このインターハイはベスト4のうちの3つを京北（現・東洋大京北）、日大豊山、関東の東京勢が占める特筆すべき大会だったが、能代工は準決勝で関東を下し、決勝戦では京北に勝って、インターハイ5連覇を達成した。

翌年の1984年（昭和59年）は地元の秋田でインターハイが開催された。能代工は1966年（昭和41年）の秋田インターハイにも出場したものの、そのときは2回戦で敗退している。しかし今回は、前年までインターハイを5連覇中。当時とは状況が異なり、周囲からのプレッシャーは重荷ではあったが、同時に地元で全国制覇することは加藤の長年の夢でもあった。

ところが、その前哨戦である春の選抜では、決勝戦で京北に49－83とまさかの大敗を喫している。県内に「インターハイは大丈夫なのか？」と不安を感じさせる空気が流れたのは言うまでもない。インターハイまでにどう立て直せばいいのか、加藤の悩みは尽きなかった。

夏に向け、新聞やテレビの報道が日を追って加熱していく。しかも大会を前に、宮田進と奈良有紀の主力2人が練習中に怪我を負うアクシデントが起きた。焦りと危機感のせいで練習が過酷になり過ぎたのではないか。加藤は反省した。

ため息ばかりが出る状況に陥ったが、むしろこれで気持ちを吹っ切ることができた。地元開催ということにとらわれすぎていたと気づいたのである。いつもはどのチームよりも早く開催地に入り、会場の下見などで現地に慣れるようにしている。今年も同じでいい。例年どおり、インターハイ会場である秋田市に早く向かうことで決心がついた。

総合開会式の選手宣誓はキャプテンの山谷公基が立派に務め上げた。負傷した2人も堂々とした足取りを見せている。ピンチはチャンス。決して万全ではないが、危機的な状況に気持ちが一つとなり、「ここまできたらやるしかない」と前を向いた。

春の選抜で能代工に大勝した京北は、東京都予選で安田学園に敗れ、勝敗数の並んだ3校による順位決定で辛くも優勝という不安定ぶり。やはり高校生のチームは水もので、決勝まで勝ち上がってきたのは東海大浦安だった。キャプテンの生形敏行は秋田空港に着いたとき、地元テレビ局に大会の目標を聞かれ、「能代工を破って優勝することです」

地元インターハイで６連覇を達成。左から４人目が開会式で選手宣誓を務めた④山谷公基

と答えて周囲を沸かせている。その生形、江川広一らの奮闘もあって、準々決勝で京北を下した東海大浦安は、勢いのまま初の決勝進出を果たしたのである。

決勝は、序盤に硬さが見られた能代工の2点ビハインドで前半を折り返した。加藤の指示は勝負どころまで耐えて、後半残り10分から一気に仕掛けること。ハーフタイムでも加藤は選手たちに「後半はうちに流れが来る。そこで一気に仕掛けろ」と暗示をかけた。地元の大声援が能代工に追い風を送る。逆転。能代工が73－65で東海大浦安を下し、インターハイ6連覇を果たした。

1985年（昭和60年）は、下級生のときから活躍していた金子寛治（190センチ）、安達康（190センチ）、中山義則（191センチ）らが最上級生となった。春の選抜で京北を下して優勝すると、7連覇のかかるインターハイ前に行われたOB戦でも190センチトリオが絶好調。これで今年も行けるという手応えを感じていた。ところが、思惑とは裏腹に石川インターハイでは苦戦が続く。埼玉栄、洛南、市立船橋と対戦した準々決勝から決勝まで幾度となく、1点差や同点にされ、さらには逆転を許すシーンが見られた。ベンチにいた押切環マネージャーは「手のひらに冷や汗をかきっぱなし

190センチトリオの一人、安達康は選抜決勝で37得点を記録

だった」と言う。それでも7連覇の偉業を達成できた要因をこう振り返っている。

「コンディションづくりの成功と団結力。加藤先生からも『今年の3年生はしっかりして、まとまりがある』と言われました」

続く鳥取国体の決勝戦では、東京都選抜を相手に118－78と圧勝。走る大型チームとして5度目となる高校三冠を達成した。

能代工は、それまでの最高成績である中大杉並のインターハイ3連覇の記録に1981年の神奈川インターハイで並び、さらに翌年の鹿児島インターハイで4連覇を達成、記録を更新した。以後も連勝を重ね、地元の秋田インターハイで6連覇、七尾インターハイで7連覇と記録を伸ばした。

しかし1986年（昭和61年）、岡山インターハイの準決勝で七尾の3ポイントシュートの前に屈し、連覇の記録が途絶えてしまう。

日本で3ポイントシュートのルールが導入されたのは1985年。高校の大会で採用されたのは、同年の七尾インターハイが最初だった。地元で開催されるインターハイに向けて強化指定校になった七尾は、かつての能代工がそうしたように、全国のナンバーワンチームである能代工に胸を借り、5回にわたる遠征で力をつけていった。

当時の七尾の監督、山本国夫にとって能代工は大学時代からの憧れのチームだった。能代工の試合があれば東京にも足を運び、能代工の試合を一週間ずっと追いかけて見ていたという。教員となり、全国大会に出場するようになった後は、自分のチームが1回戦で敗退しても、現地に一人残って能代工の試合を見ていた。そんな山本の悲願は全国の舞台で能代工と対戦して、勝つことだった。

「全国優勝を狙うというよりは、能代工に勝つこと、それができなければ全国上位には行けません。うちには大きな選手はいないので、外からのシュートが入らないと勝てないのは明らかです。私自身も学生時代はシューターでした。ペイントエリアの中に入っても守られてしまうから、それなら外で勝負しようと練習内容を変えました。そこに三室徳晃みたいな選手が出てきたんです」

前年の地元インターハイをベスト8で終えた七尾は、翌年に向け、能代工一本に対策を絞っていた。そして、それが現実となる日が来た。岡山インターハイの準決勝、能代工戦で七尾のシューター三室は11本もの3ポイントシュートを沈め、公式戦で初めて能

1986年のインターハイ準決勝。
七尾に敗れて連覇が途絶えた

代工に勝利。同時にそれは能代工のインターハイ8連覇を阻止することを意味していた。

準決勝の後、加藤は山本と酒を飲み交わした。そして山本にこう語った。

「連覇はいつか途絶えると思っていた。君のチームに敗れて本望だ」

さらにはこんなことも明かしたという――。実は10連覇まで行ったら、教え子をみんな呼んで引退することを考えていた、と。

厳しい上下関係の中で

当時、高校1年生だった三浦祐司は、負けたのは確かに悔しかったが、その意味の大きさがピンとこなかったと言う。

「『帰って練習だ！』くらいしか言われませんでしたから。あまり多くは語らなかったですね。ただ、『あれだけ練習しているのに3年生が可哀想だ』と大将が話していたのを聞いたことはあります」

連覇を重ねれば、それを受け継ぐ者たちに否応なく重圧がかかる。それでも徹底した練習を重ねて、プレッシャーをはねのけようと努めた3年生たちが報われなかったことに加藤は胸を痛めたのだろう。

一方、三浦にとって強く印象に残っているのは負けたことよりも、北陸などのライバルチームのルーキーたちだった。今でこそ黄色のイメージが強い北陸だが、当時はユニフォームが白と赤の時代。その北陸に春の選抜で勝ったとき、「北陸には佐古（賢一）がいて、キャプテンも迫さんという方だったので、北陸には〝さこ〟という選手が2人いるんだなと思ったことを覚えています」と振り返る。当時の北陸には1年生に佐古、塩屋清文、脇将典らがいて、2年生も一人が試合に出ていた。それが三浦にとっては強烈な印象だったという。

三浦は能代工に在籍した3年間で一度もインターハイを制することができなかったが、3年生のときに春の選抜が冬に移行し、その第1回大会で優勝。それが能代工にとって全国優勝30回目の節目となったことが三浦たちにとって誇りだった。

三浦は翌年、校庭に建てられた〝栄光の像〟のモチーフになっている。卒業前に能代高校の美術教師がやってきて三浦をモデルにして絵を描き、それをもとに銅像がつくら

全国制覇30回を記念し、1989年
に「栄光の像」が建てられた

れた。今では初めて能代市を訪れるバスケットボールファンの多くが、その像の前で記念写真を撮っていくほどである。

ここで三浦にまつわるエピソードを紹介しておきたい。

加藤の指導の厳しさは、すなわち「徹底」だった。できないプレーがあれば何度も同じ練習をした。また現在とは異なり、当時の能代工には先輩と後輩の間に厳しい上下関係があった。三浦はそれで「2回逃げました」と振り返る。

一回目は、1年生のときのインターハイ秋田県予選の後。過酷な練習と上下関係の厳しさに音を上げた。岩手県盛岡市出身の三浦にとって、能代では頼る人がいない。自転車で約60キロ離れた秋田駅まで逃げた。追っ手はいなかった。秋田駅についたとき、すでにその日の終電は行ってしまっており、始発まで待合室で過ごしたという。ようやく盛岡まで辿りつき、家に帰ろうとしたが、なかなか足が向かなかった。地元の友人たちに「能代工で頑張ってくる」と大見得を切って出てきたからだ。行くあてもなく、盛岡市内をウロウロしていたら警察に補導され、話を聞かれた。「警察の方に『まあ、いろいろあるだろうけど、頑張れよ』と励まされました」。その後、自宅に帰り、両親に連

じられた。ただし、発汗を促すサウナスーツを買おうにも彼のサイズなど見つからないため、顔と手を出せるように切ったビニール袋をTシャツの上にかぶった。効果はてきめん。流れるように汗をかき、10キロはストンと落ちた。減量を命じられているものの食事の制限は一切なく、むしろ「食え」と言われていたが、卒業するときには１２０キロほどになっていた。

そんな関口は1年生の県大会で当時の能代工の個人記録を塗り替えている。１試合での最多得点記録だ。それまでは三彦が打ち立てた53得点が最多としてスコアブックに残されていたが、その試合で関口が得点を重ねるうちに「三彦の得点を超せそうだから」とコートに立たされ続け、関口にボールが集められた。そして54得点の新記録を達成した瞬間、メンバーチェンジが告げられた。関口は苦笑しながら当時を振り返る。

「そもそも中学生のときに最初に入った部活動がバレー部だったのは、走るのが嫌だったからなんです。能代工が走るバスケットなのはもちろん知っていましたが、ゾーンプレスだから大丈夫かなと。最後列に立っていれば、周りのメンバーがやってくれるんじゃないかと思っていたんです。でも、入学した後に気がつきました。センターはエンドラインからエンドラインまで一番長い距離を走らなきゃいけないってことに……」

その頃、強烈な印象を残した選手がほかにもいて、数々のエピソードがある。三浦の同級生には佐藤信長と、マネージャーだった栄田直宏がいるが、彼らの話は変革期の章に委ねたい。彼らは後年、ともに能代工バスケット部の監督を務めている。学生時代の思い出とともに、監督としての思いもあるだろう。

ここでもう一人紹介しておきたいのが現ＯＢ会長の佐藤修である。三浦の1学年下、つまり関口の同級生だ。

能代工には「フォローマン」という、つき人制度がある。3年生に対して2年生、その下に1年生のフォローマンがついている。彼らはフォローする先輩のユニフォームを洗濯し、シューティングのときはペアで行う。入学して一カ月くらいたつと、3年生に選ばれる形でフォローマンが決まる。

佐藤が1年生のときにフォローマンとしてついたのは、一度もユニフォームを着たことのない2年生だった。一方の佐藤は1年生ながら、すでにユニフォームをもらっていた。関係性を考えれば、やっかみを受けてもおかしくはない。しかし、その先輩は「俺

関口聡史（前列右端）、長谷川誠（前列左から３人目）、佐藤修（前列左端）らが３年生となった1989年はインターハイと国体で優勝

はユニフォームをもらえないけど、お前はせっかくユニフォームをもらったのだから、絶対に離すな」と言ってくれた。通常、3年生が帰ったら1年生が2年生の球拾いをしなければならないが、その先輩は佐藤にずっとユニフォームを着ていてほしいからと、後輩である佐藤にシュートを打たせ、その球拾いをしてくれた。その心遣いに感謝しながら佐藤はシュートを打ち続けた。

厳しい上下関係があったとはいえ、決してそれ一色ではなかったのだ。

能代カップ開幕

話をチームに戻そう。

能代カップがスタートしたのは1988年（昭和63年）である。開催時期は今なお5月3日から5日までのゴールデンウイーク。県内外から強豪校を招待して、能代工を含む6チームによるリーグ戦で優勝を争う（第9回大会までは原則7チーム）。第1回能代カップのポスターに打ち出されていたのは、春の選抜、インターハイ、国体に次ぐ「第

4の全国大会」という表現だった。

その実現に加藤は文字どおり、全国を奔走した。各地方ブロック新人大会の優勝校、インターハイの常連校、国体開催地の県選抜チームに白羽の矢を立て、出場の説得に走り回った。

この大会は能代工を含めた出場校の強化のためだけに行われるのではない。能代市に住むバスケットファンが全国トップレベルの試合を間近で見ることができ、また全国からもバスケットファンがやってくることで、宿泊、飲食、土産物などで経済効果を見込める。ゴールデンウイークに街に活気があふれることは能代市にとってもメリットが十二分にある。加藤はそう考えたのである。

そうして実現した第1回能代カップを当時キャプテンだった三浦はこう振り返る。

「能代に住んでいる人たちにとっては、全国レベルのチームが集まる、すごい大会を近くで見られるんだ、という期待があったと思います。それがアットホームな雰囲気になったのかな。能代工だけを応援するんじゃなくて、相手チームに対しても、いいプレーをしたら歓声とともに拍手をする。これは第1回大会だけではなく、今もありますね」

第１回能代カップには７校が参加。３日間で計7000人の観客を動員した

アットホームな雰囲気は夜になっても続く。監督たちはテーブルを囲んで忌憚のないバスケット談義や、チームの実情を隠すことなく語り合う。選手同士の交流もあった。他チームの選手たちが、能代工の選手たちの下宿を訪問し、交流を深めるのである。同じ年代の高校生がどのような生活をしているのか。対戦相手としてコート上で対峙するだけではなく、日常の生活の場で触れ合うことでも相手の人となりを知っていく。それは三浦たち能代工生にとって大きな意味があった。「そうなるように大将が仕向けていたのかもしれませんね」と三浦は言う。今となっては加藤がどのような教育的要素を見込んでいたのかわからないが、少なくとも当時、高校バスケットボール界をけん引していた高校生たちにとって、能代カップでの交流が人として成長する上で欠かせないひとときであったのは間違いない。

その能代カップに第2回から参加しているのが現・仙台大附属明成の監督、佐藤久夫である。彼もまた当時の能代工を、そして加藤を語る上で欠かせない人物の一人である。初めて参加したときは仙台高校の監督だったが、第20回大会以降は明成を率いて、計17回の出場を誇る。

加藤は常々「（地域的に）遠くのチームに負けてもなんとも思わないが、近くのチームに負けることはあってはならない」と公言していた。それゆえ、東北大会で一番のライバルである仙台や、佐藤が指導の場を移した明成を招待することで、チームにライバル意識をより植えつけていった。

佐藤はしばしば加藤の自宅に招かれ、囲碁での勝負も行っていた。それだけではない。高校バスケットボール界をけん引してきた2人の〝名将〟には、囲碁のほかにも共通の趣味があった。写真撮影である。

若い頃の加藤は、夏になると選手たちを海水浴に連れていき、彼らの姿を写真に収めていた。選手たちも「大将がまた写真撮ってる」と、カメラに向かって屈託のない笑顔を見せた。体育館にいるときは鬼コーチだったが、練習が終わると選手たちの兄のような存在だったのだ。

佐藤もまた、喫茶店で小さな個展を開くほどの実力派である。最近は風景写真が多いが、ポートレイトや、台湾遠征ではモノクロ写真の世界観にも凝っている。特に明成の生徒たちを撮るときは、自然体で笑う、プロのカメラマンも太刀打ちできないほどの印象的な表情を撮る。

コートの上では一切の妥協を許さず、徹底を求める2人だが、その場を一歩離れれば、子どもたちに優しい目を向ける指導者なのである。

念願のケンタッキートーナメントへ

第1回能代カップが開催された年の冬、能代工は初のアメリカ遠征を行っている。行き先はケンタッキー州レキシントン市。NCAA（全米大学体育協会）に所属する強豪大学、ケンタッキー大のある街だ。そこでは全米各地からトップレベルのチームを集めた大会が開催されていた。レキシントン市民はバスケットに携わることを誇りとし、グッズショップがあり、公園にはバスケットリングがありと、まさにバスケット一色だった。それを目のあたりにしたことも、加藤が「レキシントンのように、全国の強豪チームが集まる大会を能代で開催したい。選抜、インターハイ、国体での迫力や感動を市民や地域の方々に体験してもらいたい。能代をバスケットの街にしたい」と考えるきっかけになったに違いない。

それ以前からずっと、加藤はアメリカ遠征を熱望していた。しかし簡単に実現できるものではない。全国優勝30回を目前にしてようやく招かれたのがケンタッキートーナメントだった。ケンタッキートーナメントではケンタッキー大を率いた名将、アドルフ・ラップの名を冠したラップ・アリーナでも試合をした。学生時代、彼の残した指導書を読み込んでいた加藤にとって、これほど感慨深いことはない。

選手たちもまた「アメリカってどんなところなんだろう?」とワクワクしていた。大会以外にも練習試合があった。片道4時間かけてバスで向かい、到着したのは小さな高校。キャプテンの三浦は「こんなところが強いのかよ? と思っていたら、ものすごく強かった。アメリカってすげえな」とあらためて舌を巻いた。日本では主にゴール下を主戦場としていた三浦だったが、アメリカではまったく通用しなかった。パワーでは負けていなかったが、高さの面で通用しないのである。ゴール下でのシュートを何度もブロックされ、どうすれば彼らから得点できるのかを考えた。三浦はケンタッキートーナメントを振り返って、こう話す。

「自分で考えてプレーの幅を広げるという意味では、アメリカ遠征はすごくよかったです。海外に来ていたからかもしれませんが、自由にプレーさせてもらえました」

三浦は自らの考えでプレーエリアを広げた。日本国内ではあまり許されなかったペイントエリアの外からのシュートを打ったのである。それがまた彼に新鮮な思いをもたらした。

国内とは異なる環境で、加藤もまた選手たちにいつも以上の自由度を与えてプレーさせた。それが、帰国後すぐに行われた冬の選抜、つまり今に続くウインターカップ第1回大会の優勝につながったのだろう。帰国後、成田空港からそのまま冬の選抜に向かった能代工だったが、三浦は「不思議と負ける気はしなかった」と振り返る。

高さでは見劣りする一方、能代工のオールコートを使った、攻防の切り替えが速いプレースタイルは、バスケットの街、ケンタッキーでも好評を博した。何しろボールを奪ってから2秒、もしくは3秒くらいでレイアップシュートを決めるのだ。あまりの速さに会場中がどっと盛り上がり、スタンディングオベーション。切り替えの速さがウケたようだ。

初のアメリカ遠征では胸に「NOSHIRO」と書かれたユニフォームを着用した

見ている者の心をつかみ、相手を圧倒する能代工の迫力は、何も試合に限ったことではない。国内での話だが、メンバーの中には「モッパー部隊」に任じられた選手がいて、大一番になると彼らは必ず会場のモップ係からモップを借り受ける。そしてウォーミングアップが始まる直前、コートインの礼をした瞬間に、彼らは超特急のようにダッシュでモップをかける。まずはモップで相手をビビらせるわけである。会場は盛り上がる。

そうして始まったウォーミングアップでは「これぞ、能代工」とも言うべき連続タップが行われる。それでまた会場がどよめく。そうした声は能代工の選手たちにとっては心地よく、対戦相手の選手にとってはさらなる無形の圧力となる。そうやって会場内を味方につけていくのが能代工の流儀だった。

加藤が率いていた頃の能代工には、いくつかのルールがあった。その一つが、笛を吹かれたら全力でダッシュするというもの。少し変わったものとしては、優勝するまでガッツポーズをしてはいけないというルールもあった。インターハイなど大きな規模の大会に行くと、主催者が用意したカメラマンによる出場記念の集合写真が撮られる。たいていのカメラマンは何気なしに、画に変化をつけるため「ガッツポーズをお願いします」

と注文するが、能代工の選手たちは「いや、ダメです。それはできません」と答えていた。

また試合のときは、体育館についたら、ほかのチームの選手と話をしてはいけないというルールもあったようだ。とはいえ能代カップなどで交流を深め、他県のチームであっても友情は芽生えてくる。こっそり話すことがなかったわけではないが、原則的には「相手に隙を見せてはいけない」という部のルールを守っていたという。

当時の彼らを取材していた筆者の印象としては、話さないから怖い、何を考えているのかわからないという雰囲気が能代工にはあった。取材のときもペラペラと話す選手は少なかった。それも「隙を見せない」ことの一つだった。心理的に相手の上に立つこと、能代工は怖いと思わせることが、当時の強さを引き出させる要因だったのかもしれない。

体育館を離れたところでのルールもある。遠征先の旅館でのモットーは、挨拶をするのはもちろんだが、「来たときよりもきれいにして帰る」こと。そのため能代に帰る前には旅館中の掃除を徹底して行う。旅館の人たちは「すごいな」と感じ、次に来たときはより応援してくれる。

出された食事を全部食べるのも鉄則だ。旅館の炊飯器はたいてい業務用の大きなものだったが、それをすべて空にしなければいけない。1年生は基本的に山盛りで5杯以上。さらには先輩たちが食べ切れなかったものも全部食べなければいけない。出されたものをすべて食べるとはそういうことである。もちろん、下級生だけでなく上級生も食べるのだが、「最後は下級生」という不文律があった。1年生にとってはたまったものではない。ただし、出されたものをすべて食べ切れば、旅館の人たちはうれしい気持ちになり、彼らを——もちろん1年生も含めて、応援するわけである。

旅館にまつわるエピソードにはこんなものもある。

1987年（昭和62年）の沖縄国体のときは、ほかのチームと同じペンションに泊まっていた。そこでささやかなレセプションパーティーが催され、ハイビスカスでつくられたレイ（花飾り）が配られた。しかし、ほかのチームはそれを捨てていった。見かねた能代工のマネージャーが「全部回収してこい」と後輩に命じた。

「せっかくこうやって俺たちを歓迎するためにやってくれたんだから、ほかのチームの分も俺らが持って帰ろう」

レイを捨てるようなチームは、ご飯もあたり前のように残していった。それを見て、「絶対にダメだ」と感じるのが能代工の選手たちだった。旅館の人たちは、相手の気持ちを大切に受け取り、提供したご飯を食べ切り、そして勝ち上がっていく能代工を応援してくれるようになった。そのペンションの息子は小学生だったが、すっかり能代工のファンとなり、大会後に能代まで遊びに来たという。沖縄から能代まで、である。

これは、みんなに応援されるようなチームになることを加藤が何よりも大事にしていた証拠でもあるだろう。

後継者選び

能代工バスケット部の礎を築き、いくつもの栄光を勝ち取ってきた加藤だったが、インターハイでの連覇が途絶えたことで、いよいよ後継者を選ぶときを迎えたと悟り、その条件を考えた。

自分が長い年月をかけてつくり上げたスタイルの継承、つまり高さへの挑戦から生まれた、攻防の切り替えが速い平面のバスケットボールを受け継ぎ、発展させる人物は誰か。自分が果たせなかったインターハイ10連覇という新たな伝説を生み出してくれるようなエネルギーを持った人間がいい。しかし何よりも、生徒から信頼を得るような人徳を備えていなければならない。考えに考えた結果、それができるのは自分の教え子しかいないと判断した。加えて、大学を卒業後すぐに教員になった人物は避けたかった。そんな条件をクリアした人物が三彦だった。

三彦は筑波大を卒業後、秋田いすゞ自動車に入り、日本代表にも選出されていた。現役バリバリのパワーを注入してほしい。加藤は三彦を説得にかかり、口説き落とした。その後、三彦は秋田県教員採用試験を突破し、1987年に能代工に赴任する。加藤はその年から三彦にコーチとして采配を振るわせた。同時に3年という期限を設けて、自身もベンチに陣取ることを決意していた。

1990年（平成2年）、加藤は予定どおり三彦に監督を引き継ぐ。三彦は平面バスケットボールを基盤にチームの指導にあたった。スピード&コンビネーションをテーマに、速攻と3ポイントシュートを入れた戦略は、多くのバスケットボールファンを魅きつけた。卓越した指導力で母校が築き上げたバスケットに磨きをかけた三彦はその後、

加藤三彦のコーチ就任後３年間は、加藤廣志とともに二頭体制で指導にあたった

２００８年（平成20年）３月に退職するまでの18年間で25回の全国優勝を成し遂げた。

高校１年生のときに能代工初のインターハイ出場を果たし、大学卒業後に母校へと赴任した加藤廣志。以来、同校バスケット部の監督として指導に情熱を傾け、打ち込んできた。大会中は翌日の試合のシナリオを考え、選手一人ひとりの特徴と出来事を毎日メモにして、ほとんど寝なかった。三彦とタッグを組んでからも、明け方まで２人で話し込んでいたと聞く。そうして積み上げた全国大会のタイトル獲得回数は実に33回（選抜・ウインターカップ11回、インターハイ11回、国体11回）にのぼっていた。

加藤はその後、秋田県教育庁での職責を全うし、１９９７年（平成９年）に校長として能代工に戻ると、翌１９９８年（平成10年）に定年退職を迎えた。

一方、独り立ちした三彦はこれからの道筋を模索しながら、やはり能代工らしさを追求することになる。温故知新。新たな「必勝不敗」伝説が始まる。

佐藤久夫

（元・仙台監督、現・仙台大附属明成監督）

さとう・ひさお／1949年（昭和24年）生まれ、宮城県出身。1986年から母校である仙台高校のバスケットボール部監督を務め、東北地区のライバルとして能代工としのぎを削る。U18代表、ヤングメン（U21）代表のスタッフなども歴任し、2005年から率いる仙台大附属明成高校ではウインターカップ優勝6回、インターハイ優勝1回を誇る。

「今でも心に残る廣志先生の言葉」

能代工の追っかけに

私が初めて能代工のバスケットボールを見たのは、高校1年生のときの東北大会でした。仙台高校の部員として出場していて、1回戦で別のチームに負けましたが、サイズが小さくても、ものすごく太い足と鍛え抜かれた体でプレーする能代工の姿を見て、「俺らもこんなバスケットをしなきゃいけないんじゃないか」という気持ちを抱いたんです。以後、私は能代工の追っかけになりました。彼らはいつも大観衆に囲まれて超満員状態の中で試合をしていました。私は一番後ろで背伸びをして、前の人の頭と頭の間から勉強していました。初めて加藤廣志先生を目にした記憶は今でもはっきり残っています。当時の加藤先生はまだ若く、それでも周りの年配の先生方が大きな敬意を払っているイメージでした。

ときがたち、教員になった私は母校・仙台高校に赴任しました。東北大会に出場し、再び能代工を間近で見ることになるわけです。まず目にとまったのは会場に来る彼らの姿でした。普段は皮靴なのですが、雨が降ったら長靴を履き、学生帽をかぶり、上下が紺のジャージを着て、2列に並んで歩いてきます。その姿は泥臭いけれども、力強さがありました。

その後、能代工と実際に対戦する機会がありました。高校時代から「能代工、すげえ！」と怖れおののいていたので、勝ちたいなんて思ったことはありません。なんとか点差が離れない試合ができれば、と思っていたくらいです。点差が離れそうになると、これ以上離されないようにタイムアウトをとるのですが、それでも間に合わないくらい早いペースで点差が開いていきました。徹底した強さがありましたが、試合巧者でもありました。

その後もいろいろと教えていただくこ

とがありました。ただ、加藤先生に直接教えていただくなんてことはなくて、先生の背中をいつも追いかけるだけです。いつまでも追いつけないだろう背中を追いかけながら、私自身の指導の励みとなりました。今でこそ仙台大附属明成のコーチとして、全国大会などで何度か勝たせてもらっていますが、指導者としての駆け出し時代はあくまでも普通の公立高校の教師。東北大会に行くと、いつも一般観覧席の一番上から能代工の試合を見ていました。「加藤先生はいったいどんなことを話しているのかな」と、遠くから想像していました。

あるとき、NHKの「スポーツ教室」という番組で、加藤先生が能代工の練習を紹介していました。それが私のバスケットに対して有形無形の影響を与えてくれたことは言うまでもありません。その番組をビデオに録画して、マネージャーと繰り返し、何度も見ました。テレビのとおりに秒数を計って自分たちのチームで練習してみたら、子どもたちがみんなつぶれてしまいました。これは苦い思い出です。強いチームと同じ練習をやれば強くなるんじゃないか、そんなはかない願いからスタートしたわけですが、実際にはそうではありませんでした。以来、私の指導のモットーは「他人のドリルをいっさい使わない」こと。自分のチームに何が足りないのか、何を求めるのか、そのために必要なことは何かを常に追求していくと、練習方法が見つかります。それが血となり、肉となり、チームは大きく成長していくものだと思っています。

夢のような電話の声

能代カップに初めてお誘いをいただいたのは、朝早い時間帯に自宅にかかってきた電話でした。そのとき初めて加藤先生と口をきかせていただきました。もう少し頭が冴えていれば冷静な対応ができたと思うのですが、何しろ電話のベルで起こされたようなものです。

「どうだい、佐藤君。能代カップに来たらどうだ？」

加藤先生の声が夢のように聞こえたので、「よろしくお願いします」と二つ返事です。正気を取り戻したときは、わくわくする気持ちと冷や汗をかく思いに駆られました。実際に集まるのはみんなとんでもなく強いチームばかりですから、「こりゃあ、恥ずかしい思いをするんじゃないか……。大変だ。出られるような実力のあるチームではないのになぁ……」と思ったことを今でもはっきりと覚えています。

当時の能代工は、加藤廣志先生と加藤三彦先生が一緒にベンチに座って、采配は三彦先生に任せている感じでした。ただ、廣志先生は座って見ているだけのように見えながらも、すごい威圧感がありました。

能代工に初めて勝ったのは、その能代カップです。長谷川誠が3年生でした。まぐれで勝ったようなものです。そのときの廣志先生のコメントは「能代工はまだまだ。弱いチームに負けるのだから」でした（笑）。公式戦で能代工に土をつけたのは、ずっと後の話です。

その翌年の1990年から、監督が三彦先生に代わりました。能代工から筑波大を経て秋田いすゞ自動車へ進み、日本代表にも選ばれた方ですから、バスケットの戦い方を知り尽くしていました。ただ、三彦先生が監督に就任した当初はゾーンディフェンスではなく、マンツーマンをやっていたんです。そして、1992年（平成4年）の宮崎インターハイ1回戦で岐阜農林に敗れたのですが、そのとき誰かが移動中の廣志先生に連絡をして「負けました」と告げると、「高い授業料を払ったな……」と言われたそうです。

試合後、三彦先生は選手たちから一歩も離れず、一緒に能代に帰ったとのことでした。そして次に会ったとき、こう言っていました。「やっぱり、能代工のバスケットをやらなければ勝てないと思いました」。これはすごいことだと思いましたね。以来、能代工はゾーンプレスからゾーンディフェンスをやるようになったんです。パッと切り替えるすごさ。廣志先生の戦い方のうまさ、試合巧者ぶり、チームをどう持っていくかの戦略などが三彦先生にも伝わっていたんだと、そのときに確信しました。

人の心をつかむバスケットボール

もう一つ、エピソードがあります。廣志先生が能代工の監督から退かれて、教頭先生になられた頃だと思います。ウインターカップの決勝で能代工と私のチーム（仙台）が戦うことになったときのことです。その前日、決勝進出を決めて体育館を出るときにちょうど廣志先生と一緒になったんです。そのとき、こう言われました。「やあ、佐藤君。自分のチームになったな。タイムアウトをとって立ち直ることができるようになった。よく指導している」。初めて褒めていただきました。その言葉は今でも心に残っています。

能代工と試合をすると、これ以上離されたくないときにタイムアウトをとっていたのですが、タイムアウトをとった後はそれまでの倍以上の点差に開かれたという苦い経験があります。廣志先生は佐藤久夫の指導力、戦術、ベンチワークといったものについて、そのときのイメージをたぶん持っていらっしゃったと思うんです。それが「タイムアウトをとって立ち直ることができるようになった」と褒めていただけたわけですね。その言葉が、その後の私の指導のさらなる励みとなりました。

こういった関わり方は私だけではありません。バスケットボールを指導する全国の人たちが「加藤廣志先生に教わりたい」と思っていましたし、実際にそういう思いのもと、たくさんの人が能代工を訪れて、胸を貸してもらっていました。

廣志先生は日本のバスケットボール界に多大なる貢献をされた方です。当時は日本のバスケットボールが今よりも国際大会であまり活躍ができていない時代です。それでも日本のバスケットボールがこれほどまでに豊かになったのは、やはり廣志先生率いる能代工のバスケットボール、人の心をつかむバスケットボールが日本のバスケットボール界を支えてくれたからだと私は思っています。

若い指導者たちには能代工の歴史にもっと触れ、廣志先生が積み上げてきた指導のあり方を知ってもらいたいです。そして第二の廣志先生になるべく、チャレンジしてほしいと思っています。

山本国夫

（元・七尾高校監督）

やまもと・くにお／1943年（昭和18年）生まれ、石川県出身。石川県立七尾高校の教員としてバスケットボール部を率い、能代工と何度も練習試合を行って加藤廣志監督と交流を深める。1986年の岡山インターハイ準決勝で能代工を破り、同校の大会8連覇を阻止した。

「感謝してもし切れません」

我々も頑張ればできるんじゃないか

当時の石川県の指導者たちは、インターハイで優勝しようという気概がありました。みんなそういう目標を持っていたんですね。私も監督になって、全国で一番強いチームはどこかと考えてみたところ、それは能代工でした。当時インターハイで何連覇もしていましたからね。そんなときに石川県でのインターハイ開催が決まりました。当時の七尾高校は県内で2番手でしたが、バスケットボール会場が七尾だったこともあり、強化指定校になったんですね。ただし、七尾は公立の進学校なので、全国からリクルートできません。ならば全国上位の力を選手に直接体験させればいいんじゃないか、そういう思いで遠征をお願いしました。

十分な遠征費がないので、土建業の方のマイクロバスをお借りして、私のいとこが運転し、片道15時間かけて能代まで行きました。選手は大変だったと思います。リクライニングがないシートでしたし、そもそも長距離を移動するタイプのバスではありませんでしたから。

能代に行ったことはありませんでしたが、雪が降るし、海に関わる仕事をする人が多いですよね。石川県もそうなんです。特に我々が住んでいる能登は漁業が主流の地域です。環境としては似たところじゃないかなと想像はつきました。そこに日本一の高校があるということは、もしかしたら我々も頑張ればできるんじゃないか、子どもたちがそれを感じてくれたらいいな、と思っていたんです。

実際に能代工へ行ったときの第一印象は、練習がやたら長いことでした（笑）。休日も一日中やっているわけです。それくらい練習が長いと、選手は100％の力ではやっていないように見えるわけです。これほど強いチームがこんなに長く練習するんだろうかと不思議に思っていたのですが、全国大会は1回戦から優勝するまで、一週間ずっと試合が続きますよね。そういうことを想定して練習しているんだと、後になってわかりました。

当時の七尾は週5日の練習です。週休2日ですね。しかも一日の練習時間は2時間くらい。もちろん土日はやりますよ。土曜か日曜のどちらかは必ず午前と午後に練習を入れていましたが、もう一方はだいたい2時間か、やっても半日程度です。その差をまず目のあたりにしました。

能代に行くと、たいてい3日から4日は滞在しました。すると加藤廣志先生は初日から試合をするんですよ。最初に行ったときの初戦ではかなりの大差で負けたんです。「4日間いるつもりで来たんですけど、練習相手にならず、ご迷惑をおかけしました。これで失礼します」と言いました。あまりの実力差に1試合を終えて帰ろうと思ったわけですね。しかし、加藤先生は「何を言ってるんだ。集中力は僕の選手たちよりも七尾の選手たちの方があるよ。構わないから、ずっといなさい」と言われたんです。それで渋々残りました。午前2試合、午後2試合の計4試合。それほど長い時間の練習はしたことがなかったのですが、生徒たちはよく耐えました。加藤先生としては一日終わったら、たぶん音を上げると思ったんでしょうね（笑）。

七尾は進学校で、遠征や合宿をしても必ず勉強するんですよ。2時間と決めたら2時間、宿舎で必ず勉強します。あるとき加藤先生が「練習後、生徒たちが晩ご飯を食べたら一緒に飲みに行こう」と誘ってくれました。そのとき、加藤先生がぶらりとうちの選手たちのところへ寄ったそうなんです。そうしたら、彼らは全員一生懸命勉強していたとびっくりされていました（笑）。「俺のところの生徒なんか、寮に行ったら漫画を読んでいるのが関の山だ」と。集中力についてはよく褒めていただきました。「バスケットは集中力がないと強いチームには勝てないが、七尾はそうした基礎的な資質を持っている。技術的にはまだまだだけど、根本的なものがきちんとあるから、すごいな」と言われたんです。

勝因は3ポイントシュート

能代には合計5回行きました。回数を重ねるうちに、選手たちが変わっていくのがわかるんです。なので、練習試合はすべて能代に行くことにしました。技術的にも体力的にも能代工に近づけば、全国大会でもいいところまで行ける、そう思っていましたし、経験値を積み上げられます。実際に、近隣のチームと練習試合をするのではなく、自分たちよりもずっと強い能代工と対戦できたことで選手の経験値は上がりました。それまでは全国大会に出ても1回戦で負けていましたが、おかげさまで地元開催となった七尾インターハイではベスト8という結果を残すことができたんです。

特に伸びたのはシューターの三室徳晃です。石川県内でも有数の進学校といわれる七尾で、学業でもトップ3に数えられるほど、文武両道の選手でした。卒業後は慶應大に進学しています。

能代工を相手にした場合、外に開いたときにディフェンスがしっかりついてこないとペイントエリアが空きません。そういう意味でも、外角シュートを確率よく決めるシューターを3人ぐらいはつくろうと考えました。中でも三室は練習で10本打ったら9本以上決めるほどまで成長してくれました。彼のシューティングのときはリバウンドを狙う後輩が非常に楽だったそうです。実戦でも5割以上のシュート成功率を誇りました。全国的には小さいチームでしたから、外角シュートを練習したということですね。

そういう練習をしていたら「3ポイントシュート」のルールができたんです。能代工に練習試合に行き始めた頃は3ポイントシュートはありませんでした。当然、能代工の選手にも3ポイントシューターはいません。そうなると3ポイントシュートは〝プレミア〟がつきますよね。10本決めれば、2ポイントシュートの10本よりも10点プラスになります。能代工に負けるといっても、いつも10点台の差だったんです。でも3ポイントシュートができたら、タイスコアになるわけです。〝プレミア〟というのはいいもんだなと思いましたね（笑）。

1986年の岡山インターハイで能代工を破って8連覇を阻止し、決勝まで勝ち上がれました。その一番の要因は3ポイントシュートです。地元・石川県の指導者たちはみんなびっくりしていました。まさか七尾が能代工に勝つなんて、と。

加藤先生と話をしていて、気づいたことがあります。それは「自分たちと似ている」という感覚です。能代工も最初から強かったわけではないですよね。かつて野口政勝先生率いる中大杉並に練習を申し込んだと聞きます。加藤先生は「相手がよく引き受けてくれた」と言っていました。うちも同じです。能代工にとっての中大杉並や三条が、うちにとっては能代工でした。普通に考えれば、相手にしてもらえないところでしょう。加藤先生の懐の深さに、感謝してもし切れません。そうやって時代は回るんだなと、今でも思っています。

成熟期

1990～2008年

文・小永吉 陽子

著者プロフィール

スポーツライター。『月刊バスケットボール』、『HOOP』編集部を経て、フリーランスのスポーツライター兼編集者に。取材対象は日本代表から学生年代まで多岐にわたる

秋田県立能代工業高等学校
全国優勝の

20数年前のことだろうか。能代工に取材に出向いたある冬の寒い日、体育館の扉を開けると、そこには礼儀正しい坊主頭の集団が、張りのある声と視線とともに出迎えてくれた。体育館の端に用意された椅子に座ると、すかさず「寒いからどうぞ」と座布団を持ってきてくれ、ある部員は入口に向かってダッシュしていた。練習見学者が数人来ていたこの日、出入り口の扉がほんの数センチ開いていることに気づき、風が入らないようにと走って閉めに行ったのだ。通常、そうした雑務はマネージャーがすることが多いが、能代工では選手の仕事である。何しろ、3年生のマネージャーはAチーム、2年生のマネージャーはBチームの練習を仕切っている最中である。こうした風景はこの日に限ったことではない。気持ちのいい挨拶と、気づいた者が率先して動く気配りは、加藤廣志元監督の時代から現代へと脈々と受け継がれている能代工の伝統である。

加藤三彦の就任と新時代の幕開け

ときは平成に突入したばかりの1990年（平成2年）。加藤廣志の後を継ぎ、能代工の監督に就任したのは28歳の加藤三彦だった。

この章では加藤廣志を「大将」、加藤三彦を「三彦」と略させていただく。三彦が大将に口説かれて母校のコーチになったのは1987年（昭和62年）。筑波大卒業後に2年間、秋田いすゞ自動車でプレーし、日本代表にも選出され、これからトッププレーヤーとして脂が乗ってくるであろう25歳を迎えたときだった。3年間は大将のもとでコーチングを学びながらともに采配を振っていたが、すでに練習の大半は三彦に任されていた。ただ、大将がベンチに座って腕組みをしながらじっと戦況を見つめているその様は威圧感があり、まるで監督が2人いるような、そんな時代だった。

当時の三彦は20代半ばということもあってか、体を張って指導することが多く、得意の3ポイントシュートは選手よりも決めていた。選手とともに汗を流すそうした若い感性は、代々の選手たちが一番きつかったと口にする「厳しい上下関係」を次第に取り除いていくことになる。もっとも、大将時代の習慣がすぐに消えるわけではなく、徐々に変わっていくのだが、そんな中で三彦は「現代っ子」の特性を見抜いて、チームづくりに生かそうとしていた。個人練習の時間は別として、チーム全体での練習は2時間程度で切り上げ、週に一度の休養日を設けるようになった。いかに集中して練習できるか、そうした環境づくりにシフトチェンジしようとしていたのだ。

三彦が正式に監督に就任した1990年は「狭間の年」と言われていた。キャプテンは植村幸喜。一つ上の先輩には、後に松下電器で新人王とMVPをダブル受賞する長谷川誠がいて、一つ下の後輩には三冠を達成した双子の小納《こな》兄弟（真樹、真良）がいた。

植村には「無冠のキャプテンと言われるのだけは嫌だ」という意地があった。その責任感あるキャプテンは、高校生にして「三彦先生はチームづくりに迷っているのではないか」と感じていた。迷っていたのはメンバー構成だ。三彦はスタメンの選出において は大将とは違う考えを持っていた。強烈な個性を持つ長谷川誠と前年にガードコンビを組んでいた植村はこう説明する。

「スタメン一人を1として、5人を足せば5になりますが、長谷川さんは1・5くらいの実力がある選手。そこで長谷川さんを生かすには0・5の実力だった僕が必要だったんです。そうすることで、やり過ぎないバランスが生まれます。5人のバランスをすごく重要視するのが三彦先生のチームづくりでした」

植村が感じたように、新米監督は狭間の年において、納得のいくメンバー構成がなかなかできずにいた。それでもインターハイは準優勝、国体でベスト4まで這い上がった。そして、国体後にはセンターを2枚から1枚にするスタメン構成に辿りつき、全国高等学校選抜優勝大会（この年から「ウインターカップ」に通称名が変わった）で優勝をもぎ取るのである。監督就任初年度で早くも全国制覇を果たしたことで、チームづくりの基盤ができ始めていた。その試行錯誤が翌年、大いに生かされることになる。

恐るべし三位一体の攻防

大将のバスケは「高さへの挑戦」が最大のテーマであり、小さな選手が平面を制することで栄冠をつかんだ。そして1985年（昭和60年）には金子寛治、安達康、中山義則の190センチトリオを結成し、1988年（昭和63年）には195センチ超の三浦祐司を擁して全国制覇30回を達成。1989年（平成元年）には185センチの長谷川誠がビッグガードとなり、2メートル級の関口聡史が大黒柱として活躍した。大将時代の晩年は大型化を図って日本一になった。

しかし三彦は違った。サイズの優位性ではなく、個々の特性を生かすメンバー構成を手がけたのだ。それが175センチ前後の小納ツインズと大場清悦の「琴丘中トリオ」が成す三位一体のコンビネーションプレーだ。

この代は里崎智之をはじめ、190センチ前後のセンターが奮闘していた。しかし前面に押し出していたのは、小納兄弟の兄でパスを特長とする真樹、弟でシュートが武器の真良、トリッキーなプレーで引っかき回す大場のトリオが織り成す攻防と3ポイントシュートだ。最も能代工らしいチームはどの代かとファンに問えば、きっと田臥勇太の9冠時代と票が割れるくらい、大きなインパクトがあった代だと言えるだろう。

特に、顔色一つ変えず、憎らしいほどの阿吽の呼吸と視野の広さで相手を翻弄していた小納兄弟に注目が集まった。一方で2人の間ではケンカが絶えなかったという。いつも仲裁に入る大場が、「パスをよこせとか、こっちに動けとか、対戦相手がどうとか、そんなことを練習中から言い合っていましたね（笑）」と言うほどの負けず嫌い。2人がポーカーフェイスでコートに立つ背景には納得するまでやり合う日常の練習があり、バスケットボールはやはりコミュニケーションが大事なスポーツなのだと再認識させられた。

3人の出身である琴丘中は、監督の鎌田義人が大将と親しく、能代工のバスケットに敬意を表していたこともあり、まるで「中学生版能代工」を見ているかのようなチームだった。激しいディフェンスからの速攻はもとより、ウォーミングアップで見せる、流れるようなボードタップからしても能代工を彷彿させた。小納ツインズの3つ上の兄、真琴が能代工の門を叩いたこともあり、3人が能代工に進学したのは必然の流れだった。「琴丘中トリオ」は中学、高校の6年間をともにプレーしている強みがあり、三彦はその特性を生かしたのだ。

1991年（平成3年）はインターハイと国体を快勝で制し、残る最後の大会はウインターカップ。最大の難関は5月の能代カップで敗れている北陸との準決勝だった。北陸は高さとシュート力がある納谷幸二がエースとして暴れており、前半は7点ビハインド。そして、さらにピンチが襲いかかる。残り8分で逆転した直後、エースの真良が5ファウルで退場してしまう。そこでコートに立ったのは小井手吾郎という3年生の控え

1991年のウインターカップ決勝でシュートする小納真良⑧と小納真樹④

メンバーだった。その小井手は絶体絶命の場面で3ポイントを決め、93－86で激闘を制する立役者となった。いわば6番目の選手が窮地を救ったのである。

ここで――三彦が大将から継承し、さらに強化したことを当時の選手たちの証言から探ってみたい。一つはマネージャーの重要性だ。

歴代のマネージャーたちが練習や日常の行動を仕切ることは、これまでの章でも紹介されているとおりで、能代工にとってのマネージャーとは、キャプテンよりも上の存在で監督の分身とも言える存在。「マネージャーが優秀な代は優勝できる」とOBの誰もが口を揃える。驚くことに、当時のキャプテンである真樹によれば、「僕らの代はマネージャーとキャプテンと三彦先生で話し合って登録メンバーを決めていました。特に、練習を仕切っているマネージャーの意見は重要視されていました」とのことだ。キャプテンやマネージャーが監督に意見をして登録メンバーを決めていたとすれば、ほかの部員から反感を買いそうなものだが、代々マネージャーが全幅の信頼を得ているのが能代工。彼らはチームの勝利や将来を考えて意見を出し合っていたのだ。

「能代工の場合、試合に出られない3年生よりも、翌年のことを考えて下級生を登録メンバーに選びます。これまでどおりならば、北陸戦で大活躍した小井手はあまり試合に出る機会がなかったので、次の代に譲っていたと思います。でも僕らは小井手がどれだけ練習を頑張っているかを知っていたし、信頼関係があって必要だと思ったので、僕とマネージャーは小井手を入れてほしいと三彦先生に意見を言いました」

能代工には「4」はキャプテン、「8」は司令塔、「7」はエース、「5」はセンターなど、重要な役割を持つ背番号があるが、そのうちの一つ、次期キャプテン候補や下級生の有望ガードがつける「13」を小井手は3年生ながらもまとってコートに立った。その後、三彦は高さに対抗して速さのコンビネーションをつくるほかに、信頼の置ける6番目や7番目の選手の存在を重要視していくことになる。これが2つ目の強化だ。

もう一つ受け継いだのがＯＢ戦だ。ただの卒業生との試合ではない。能代工の場合は、インターハイ前になると大学生だけでなく、日本リーグに進んだトッププレーヤーたちがチームメイトを誘って能代の片田舎まで大挙してやってくる。後輩のためを思えばこそ、そして母校に恩返しをするべく手加減はしない。通常の練習は2時間程度になったが、カテゴリーが上の相手と戦えるＯＢ戦だけはとことんやり込んだ。

小納兄弟と大場は三種町の出身。能代工と同じ県北にあるため、下宿ではなく、自宅から電車通学で通っていた。ＪＲ五能線の能代駅から奥羽本線への乗り継ぎ本数が非常に少ないため、当時の最終電車は20時半前後だった。しかし、ＯＢ戦は先輩たちに勝たなければ終わらないのがしきたり。終電を逃したときは何度か三彦が車で送っていくこともあったが、基本的には電車が走っている時間に帰るため、残されたメンバーで試合を続けたこともあった。むしろ、残されたメンバーでのやり合いがチーム力を底上げしたのである。

この年も能代にやって来たＯＢは豪華だった。後に日本代表に選出される大学生の長谷川や関口、日本リーグでプレーしていた金子や安達らが参戦し、スキルの面でも、高さの面でも強力な相手だった。だが、真樹が誇らしげに言うには「ＯＢたちがスタミナ不足で走れなくなるので、結構勝っていましたね」。三彦もそこの匙加減は考えていた。全部をフルゲームでやるわけではなく、10分、５分と短い時間のゲームをやり込むことで、高校生たちは高さに慣れて勝利するポイントをつかんでいく。勝負どころを逃さない強さは、こうしたＯＢ戦によって受け継がれたものだ。

話は戻ってウインターカップの決勝――。インターハイ、国体に続き、3度目の対戦となった初芝に114－64で圧勝。三彦はコーチ時代から数えて5年目、正式に監督に就任して2年目というスピードで堂々の3冠を達成した。

思えば、大将が監督を退く決意をしたのは、1986年（昭和61年）の岡山インターハイ準決勝の七尾戦で、後半に3ポイントを立て続けに決められて逆転負けを喫し、インターハイ8連覇を阻止されたからだった。

三彦は攻防の切り替えの速さはそのままに、現代バスケの象徴である3ポイントを効果的に取り入れ、小さくても個性を生かすバスケットに切り替えた。まさしく、迷うことなくチームスタイルを変えた決断力と感性こそが、大将が三彦を後任者に見込んだ理由だった。1991年に三冠を獲得したチームを見て、大将は次のように語っている。

「小納兄弟たちの代には大きい連中もいたので、メンバーの組み合わせをどうするか興味があったが、三彦は小納兄弟と大場の3人を前面に出したバスケットにズバッと変え

校内で談笑する加藤三彦（左）と加藤廣志。奥には数々のトロフィーが並ぶ

た。特に外角のシューターをどんどんつくっていった。あれは私にはできないこと。三彦自身がシュートの技術を持っているから教え込めたことでもある。私は監督から身を引いてよかったのだ」

インターハイ初戦敗退からの学び

「必勝不敗」神話は90年代に入っても崩れることがなかったが、小納兄弟が卒業した翌年の1992年（平成4年）、この1年間だけはつまずいてしまう。宮崎インターハイの1回戦で古豪の岐阜農林に69－82で敗れてしまったのだ。「能代工1回戦敗退」のニュースは延岡と日向で開催されていた両会場に瞬く間に広がった。

この年は親子三代で能代工バスケ部で学んだ斉藤勝一というシューターを擁したが、得意の3ポイントが全体で一本しか決まらず、相手は9本決めたことで突き放された。3ポイントが得意な選手がいても、シュートチャンスをつくるための準備ができていなかったのだ。

「どうやって能代に帰ったのか覚えていないほどショックだった」と当時語っていた三彦だが、この敗戦こそが指導者として大切なことに気づかせてくれるものになった。

小納兄弟の時代に選手の特性を前面に出すバスケットに切り替えたように、「チームづくりの切り替えがまたも早かった」と証言するのは、現在、仙台大附属明成で監督を務める佐藤久夫だ。当時、仙台高校を率いていた佐藤は「あの初戦敗退以後、三彦先生は大将時代からのゾーンプレスを進化させ、どこのチームも真似できない〝能代工らしさ〟の追求にこだわった」と語る。

三彦は自身が感じていることを隠さずにメディアの前で話す指揮官だが、初戦敗退に関してはあまり多くを語らなかった。それほど悔しかったのだろう。著書である『前進力――自分と組織を強くする73のヒント』(新潮文庫)に、当時のことを次のように記している。

「恥ずかしい……そんなものではありませんでした。屈辱です――。一言でいえば奢りでした。三冠を獲れたことで『あ、これはいけるな』みたいな慢心があったのでしょう。勝っているのだから何かを変える必要はないと思っていたからです。それが大きな間違いでした」

毎年メンバーが変わり、個々が成長していく中でチームをつくるのが高校バスケットだ。三冠メンバーが卒業した後、環境が変わりゆく中でどのように新チームをつくるのか。その課題が若い監督に突きつけられた。そこで行きついた答えが「一年一年リセットすること」だった。

佐藤が指摘したように、大将時代から受け継がれていた1－3－1のゾーンプレスに磨きをかけたのが三彦流だった。ただ、このディフェンスは選手自身の優れた判断と抜群の呼吸で動くことが大前提なので、選手の個性を見極めて一年ごとにリセットした。しかし、伝家の宝刀であるゾーンプレスに関しては、老舗のうなぎ店が誇る秘伝のタレのように毎年漬け込みながら、年々アップデートして洗練されていった。この積み重ねのすごみが、次の年からのインターハイ6連覇につながったのだ。

ちなみに、1回戦負けした夏以降に大きな成長があり、冬のウインターカップで3位になったことをつけ加えておきたい。ただでは負けないのが能代工なのだ。

インターハイ6連覇。「必勝不敗」時代、再び

1993年（平成5年）から1998年（平成10年）までのインターハイ6連覇を振り返ってみると、田臥勇太時代の燦然と輝く9冠（1996〜98年）もさることながら、それ以前の3年間（1993〜95年）の勝負強さも際立った。どの時代も簡単に勝っていたわけではない。しかし、ここぞという試合は絶対に落とさなかった。

1993年の栃木インターハイでは準々決勝の市立柏戦で延長戦を制している。残り1秒でエースの鈴木浩平がファウルを誘い、フリーフローを2投とも決めて86－85で激戦に終止符を打った。決勝では下馬評の高かった福岡大附属大濠に85－72と快勝し、2年ぶりのインターハイ制覇を果たした。

1994年（平成6年）の富山インターハイは本命なき大会だった。能代工は3年生のスタメンはシューターの西澤潤也だけで、2年生主体のチームに切り替わっていた。「千手観音ディフェンス」と呼ばれるほどスティールが得意で視野が広かった司令塔の半田

圭史、サウスポーの池田和則、ポイントゲッターの高橋尚毅、インサイドの高橋稔則らの2年生が主軸を担ったが、6月の東北大会の時点ではかみ合わず、3年連続で優勝を逃した。しかも常勝になってからは初めて決勝進出を逃している。そのため、インターハイは3年連続ノーシードからの登場になったが、なんの因果か、2回戦の相手は東北のライバルである仙台だった。

佐藤久夫率いる仙台は90年代に入って着実に力をつけていたチームだ。小納兄弟の代のウインターカップでは、能代工が最も苦戦した北陸から3位決定戦で勝利をもぎ取り、初のメダルに輝いている。上背がないチームだが、粘りの攻防を代名詞として全国でも存在感を示していた。

やりにくかったのは仙台だろう。能代工は失うものは何もない下級生チームだが、仙台は東北大会を制してシード権をつかんだにもかかわらず、初戦（2回戦）でいきなり能代工と戦わなくてはならなかったのだから。

案の定、試合は能代工が先手をとった。仙台のエンジンがかかったのは後半。早過ぎる東北決戦は83－82で能代工に軍配が上がった。佐藤は「能代工に全国大会と東北大会の違いを見せつけられた」と悔しそうに天を仰いだ。能代工は山場の仙台戦を制すると、その後は勢いで駆け上がり、決勝では、エース仲村直人を筆頭に個性派軍団として台頭していた北中城を57－54の僅差で破って一気に頂点へ駆け上がった。

１９９５年（平成7年）は4人のスタメンが残ったことで優勝候補となったが、面白いもので、この年は前年度とは打って変わり、本命だらけのレベルの高い年になった。鳥取インターハイでの有力チームは愛工大名電、湘南工科大附属、洛南、東海大第四（現・東海大付属札幌）などサイズがあるチームがズラリ。そして、注目を集めたのが初出場の福岡商（現・福翔）だ。

２１０センチのビッグマン篠原隆史を大黒柱として、ガード、フォワード、ディフェンスマンと有力選手が揃っていた。この福岡商が決勝で能代工と対戦し、前半で15点のリードを奪うのである。観客の脳裏には「能代工敗れる」、「福岡商、初出場初優勝」の見出しが浮かび上がっただろうが、一方で能代工の敗戦を想像し難かったのも確かだ。なぜなら、期待の「13番」をつけた1年生がハーフタイムにいち早く出てきてシューティングをする姿に、諦めていない姿勢を見たからだ。能代工は翌年の柱となる選手を下級生の頃から起用することが多いが、決勝のキープレーヤーになった「13番」――畑山陽一にはまさしく、「来年のガードはコイツか！」と思わせるだけの勝負強さがあった。

後半に入って三彦が動く。畑山の投入によって高さはなくなったが、半田と高橋尚毅と組ませて3ガードにすることで、スピードの加速に成功。半田から池田への裏パスのホットラインが決まり、畑山は勝負どころで期待どおりに3ポイントを決めてみせた。80－72。鮮やかな逆転劇でインターハイ3連覇を飾った。福岡商の中倉健二郎監督は「恐れていたことですが、後半は場の雰囲気に飲まれ、能代工の名前に負けてしまった」と、王者の勝負強さに脱帽していた。

この年はウインターカップでも準決勝で愛工大名電と3点差の接戦を演じ、決勝では一年を通して成長した仙台との競り合いを制して優勝している。ここぞという勝負どころが来たら、その波を絶対に逃さなかった。この強さの秘訣はなんなのか。加藤三彦という指揮官はありがたいことに名言をたくさん残してくれた。インターハイ優勝後のインタビューで発した言葉を探っていくと、その強さが浮かび上がってくる。

延長戦を残り1秒で制して勝ち上がった1993年は「速さだけでなく、勝負に対するしつこさが能代工」と、しぶとさを強調した。本命なき大会を下級生の勢いで制した1994年は「高校生のゲームなんてやってみなきゃわからないんだ」と大会中に成長していく姿を表現した。サイズも実力もある個性派揃いの年を制した1995年は「高さへの挑戦。速さは武器になる」と、原点回帰のスタイルを披露した。

「絶対に負けられない」伝統を受け継ぐメンバーたちが、ボールへの執着心を見せて走る。それを、試合を通して繰り返しやり続ける。すると対戦相手は「ここからやられてしまうのでは?」と戦々恐々としながらゾーンプレスに対して受け身になり、「能代工」の名前に飲み込まれていく。その隙を見逃さずに一気に畳みかけるのだ。だが、能代工にしてみれば、決して名前だけで勝ってきたわけではない。三彦が優れていたのは、個性を前面に出しての役割を40分間「徹底」させることに人一倍こだわった点だった。

神奈川の中学生だった田臥勇太は、鳥取インターハイでの大逆転劇をテレビにかじりついて見ていた。「畑山さんってすごいな」とワクワクしながら見ていた少年は、1996年(平成8年)の春、能代工の門を叩いた。

前人未到の9冠達成と田臥フィーバー

もはや説明不要なくらいに日本中のバスケットボール界が沸いたのが、田臥勇太を擁して3年連続三冠と全国大会で負けなしだった時代。「9冠」と「V50回」を同時に達成した、1996年から1998年にかけてだ。井上雄彦の漫画『スラムダンク』の人気が全国区になった90年代中頃は、バスケットを見たことがない人でも、『スラムダンク』に登場する山王工業のモデルと言われる「能代工」と、その快進撃の中心にいた「田臥勇太」の名前は知っていた。それくらい、テレビやさまざまな媒体で能代工の特集が組まれた。

田臥と畑山の最強ツートップがトランジションバスケを仕掛け、ウイングの菊地勇樹が速攻からのクイックリリースで3ポイントを射抜く。丸太のような腕を持つ小嶋信哉がリバウンドをもぎ取り、若月徹がコートの端から端まで走って速攻をねじ込む。1年時からスタメンに抜擢された田臥、菊地、若月と一つ上の畑山と小嶋は2年間不動のレギュラーとしてコートを走り回った。三彦が最も重要視していた6番手、7番手の選手には、3年生の田中学を筆頭とする2、3年生が控えていた。だからこそ、1、2年生にスタメンを任せられたのである。そして、それまでのどの時代よりも加速し、ルーズボールやリバウンドの球際の強さとともに展開される9冠時代のバスケットは、観客が「もっと見ていたい」と中毒になるほどのハーモニーを奏でた。

どこの会場でも「能代工と田臥フィーバー」は相当なものだった。特に田臥が2、3年時のウインターカップでは、東京体育館に1万人以上の観客が訪れ、満員札止めになったことが語り草になっている。立ち見の人垣が何重もでき、得点板の前やフロアに直に座り込むファンであふれ返っていたのは、後にも先にもこの時代だけである（もっとも、今はフロアや得点板の前には観客を座らせないが）。ウインターカップはちょうど1996年から代々木第二体育館から東京体育館に会場を移していた。正確に言えば、代々木第二体育館が改装工事中だった1994年にも一度だけ東京体育館で開催しているのだが、田臥が高校バスケにデビューしたと同時に、東京体育館が高校生の聖地になったのは、バスケの神様が導いた運命なのだろうか。

田臥は能代工入学前からちょっとした有名人だった。ベネッセの「進研ゼミ中学講座」のＣＭに出演し、当時ニューヨーク・ニックスでプレーしていたＮＢＡのスーパースター、パトリック・ユーイングと共演していたからだ。

これには裏話がある。進研ゼミから『月刊バスケットボール』編集部に「夢にチャレンジというテーマでＣＭをつくりたいので、中学生の有望選手を推薦してほしい」という内容の電話があった。当時、編集部で中高生を担当していた筆者が電話を受けたわけだが、ちょうど中学生の全国大会終了後ということもあり、迷わず２人の選手を推薦した。一人は観客を沸かせた大道中（神奈川）のミラクルボーイ田臥。もう一人は優勝した洛西中（京都）のキャプテン前田浩行だ。前田は洛西中でリーダーとムードメーカーの役割を果たし、『月刊バスケットボール』が選ぶ全中ＭＶＰに選出された司令塔だった。

結果的には、前田は学校からの許可が下りず、田臥のＣＭ出演が決まった。その２人が能代工でチームメイトとなり、エースとマネージャーとして９冠を達成したことに、深い巡り合わせの縁を感じずにはいられない。

能代工でマネージャーに指名された前田は、持ち前のリーダーシップを存分に発揮し

9冠を達成した最強トリオ。右から田臥勇太、若月徹、菊地勇樹

た。とはいえ、中学時代に日本一に輝いたチームの司令塔である。実力十分だったことから、選手として続けたい思いは当然あった。だが、前田は自身に課された役割を貫いた。9冠を達成し、応援席に一礼した後、誰よりも早く「よっしゃあああ！」と両手にガッツポーズをつくって控えメンバーたちと喜びを分かち合っていた姿は、チームを束ねるマネージャーがどれほどの重責を担っていたのかを物語るシーンだった。

勝つことによって世界が広がる

田臥は9冠を振り返るとき、「一番強かったのは間違いなく2年生のとき」と確信を持って言う。3年生の畑山と小嶋が支えていたことで、2年生が伸び伸びとプレーできていたからだ。

そんな田臥にも苦い記憶がある。高校3年間の公式戦で唯一敗れた試合のことだ。高校入学と同時に1年生トリオ――田臥、菊地、若月の3人はスタメンに抜擢されたが、1年時の東北大会準決勝の仙台戦で、田臥が残り5分になって5ファウルで退場。三彦

1998年のウインターカップで9冠を達成するとともに、全国制覇50回を成し遂げた

から「お前のせいで負けた！」と叱責されたことは、田臥を語る上で欠かせないエピソードである。「負けたら監督のせい」と常々言っていた三彦のこと。選手のせいで負けたと本気では思っていないだろう。ただ、それだけ司令塔が重要だということを期待の1年坊に教えたかったのだ。

では、当の田臥はどう思っていたのか。「あのときは退場してしまったことに申し訳ない気持ちでいっぱいでした。ポイントガードは大切な時間にファウルアウトしちゃいけないんだ、コートにいなきゃいけないいんだということを学べました。あの経験があったからこそ、それからはファウルに気を遣うようになりました。正直、試合の勝ち負けよりも、そこに気づけたことが一番でした」

もう一つの苦労は、3年生になったばかりの頃だ。続けて田臥が振り返る。

「それまで2年間まったく同じメンバーでやっていたので、畑山さんと小嶋さんが抜けた穴は大きかったです。スタメンでは2年生の堀（里也）が最初に出て、後から扇田（正博）に変えたり、能力のある板倉（令奈）をどう使うかを考えたり。自分が1番をやったり、2番をやったり。そのアジャストは1、2年生のときにはなかったもので、インターハイまでの期間はどうやったらうまくいくか、それまで以上に考えていましたね。プレッシャーはそこまで感じていたわけではないのですが、1、2年生の頃と比べてチームづくりが難しかったので、そこのチャレンジは結構なものでした」

周りからすれば勝って当然と見られていたチームも、課題を一つ一つクリアし、自信を積み重ねて勝利をつかんでいたのだ。田臥が在学した3年間のインターハイ、国体、ウインターカップにおける公式戦全44試合の合計得点は4435点。平均100点超えのハイスコアを叩き出して勝利していたのだから、観客の目が釘づけになるのは当然のこと。三彦は伝説の3年間を振り返ってこう語っている。

「能代工が強いのは、懸命に練習するBチームの選手の思いも背負っているからです。能代工で試合に出ることの方が、全国のトップに立つことよりも難しいと選手に言っていました。そういう意味では、優勝することによってBチームが全国で2番目のチームになる。一方、Bチームはメンバー争いという勝負に負けた後は、スポーツマンらしく支える側に回り、後輩たちを指導する。そうやって伝統をつくってきましたし、そういう意識を持っている部員がいるから勝てるのです。田臥の代は僕が今まで持った中で最高のチーム。その強さを全国の舞台で出すことが高校バスケのレベルアップにつながるし、さらにその上のものを求めることで、もっと進化できると思っていました」

そして、卒業後にハワイのブリガムヤング大に進む田臥には「勝つことによって、世界が広がるということを教えたかった。勝って新しいことを覚えよう、勝って新しいものを見よう」と、はなむけの言葉を贈っている。

海外に出ていく者がほとんどいなかった時代。諦めずに食らいついてＮＢＡに挑戦し続けた田臥は、能代工卒業から６年後の２００４年（平成16年）、日本人初となるＮＢＡプレーヤーになった。

ライバルの変化と留学生時代の足音

１９９９年（平成11年）は無冠に終わったが、２０００年（平成12年）には小林高校との決勝を延長戦の末に制してインターハイ王者に返り咲き、２００１年（平成13年）はインターハイとウインターカップの二冠を達成した。その年は神奈川出身の山田謙治

2001年のインターハイで大車輪の活躍を見せた新井靖明

と、東京出身の新井靖明の得点力が光った。インターハイ2回戦の八千代戦では新井が驚愕の73得点をマーク。準々決勝の北中城戦では残り0秒で山田がフリースローを決めて逆転勝利を収めるなど、相変わらず接戦にはめっぽう強かった。その陰には「新井が花なら畠山（晴貴）は根っこ」との三彦語録が飛び出したように、1・5の選手に対しては0・5の選手でバランスをとる形で影のMVPが存在するなど、能代工らしい絶妙なコンビネーションを生み出すチームづくりをしていた。

洛南の竹内公輔、譲次ツインズらを筆頭に『黄金世代』と呼ばれた2002年（平成14年）には、高久順、内海慎吾、黒政成広が軸となり、優勝にあと一歩まで迫る記憶に残るチームをつくった。

2003年（平成15年）は富田敏幸、北向由樹、高橋優らガードとシューター陣が際立ち、インターハイとウインターカップで二冠を達成。エースの北向はBチームから飛躍してエースに成長しており、能代工がチーム内の競い合いを大事にすることを体現していた。2004年は宮城徹と梁川禎浩がチームをけん引して、ウインターカップで優勝。能代工の全国制覇は56回を数えていた。

だが、2005年（平成17年）からの2年間は苦しむことになる。この頃から高校バスケは変化し始めていた。アフリカ系の留学生を擁するチームがインサイドを支配することで、力をつけてきたのである。

同時に、東北でも変化のときが訪れていた。能代工の最大のライバルだった仙台の佐藤監督が2002年に教員を退職し、日本バスケットボール協会の強化部に所属することになったのだ。それまでにもU18、U21（ヤングメン）代表を指揮し、U19世界選手権（現・U19ワールドカップ）出場に導いた手腕の持ち主である。高校の世界を飛び出し、日本バスケットボール界のために強化に携わることは必然の流れだったのかもしれない。この時代に三彦は、「佐藤先生がいなくなり、高校バスケに物足りなさを感じることがあった。それだけ能代工業も僕も、仙台高校と佐藤先生に鍛えられていたのです」と発言していた。

佐藤と能代工のライバル関係について、ここで触れておこう。佐藤は、大将に始まり、三彦、佐藤信長、栄田直宏、小野秀二という能代工の歴代指導者のすべてと対決している唯一の監督であり、能代工を語る上で欠かせない人物である。

佐藤率いる仙台は大将時代の1989年に能代カップで能代工から初勝利を挙げ、三彦の監督就任後は、王座を奪って東北3連覇を果たした。田臥時代には公式戦で唯一の土をつけ、1999年のウインターカップ準々決勝では能代工から全国大会での初勝利を収めて初の日本一まで駆け上がった。しかも、地元の選手たちだけでウインターカップ2連覇を成し遂げている。

田臥いわく「僕らに対しては、名前負けしてくれるチームと、そうでないチームがハッキリしていたけど、名前負けどころか、自分たちのカラーをぶつけてくる嫌な相手」が仙台だった。90年代から2000年にかけて、三彦と佐藤が繰り広げた能代工と仙台の対戦は東北のみならず、「高校界の黄金カード」だった。

「能代工とか仙台のような、ああいうスタイルのバスケは関東の子はなかなかできない」と表現した関東地方の監督がいる。ああいうスタイルとは「泥臭さ」のことだと、三彦は解釈している。

「うちと仙台の試合が人気があるというのなら、それは勝ち方にこだわっているからです。ただ勝つだけでなく、しつこく粘って泥臭く戦い、最後の1秒まで全力を出し切っている。そうした美しい勝ち方にこだわることで、チーム力が年々磨かれていきます」

と表現していた。

東北ならではのスタイルに誇りを持っていた両校は、お互いに張り合いながら力をつけていったのだ。

能代工と仙台は2月の東北新人戦に始まり、6月の東北大会（NHK杯）でも対戦。全国大会の準決勝や決勝で戦ったこともある。5月の能代カップでの両者の対決は最終日の最終戦と決まっており、目の肥えた能代市民が「今年の仙台（明成）はどうだべ？」と、毎年のように関心を持って見守るほどのメインカード扱いだ。

佐藤は、公立高校の教員を退職して3年が過ぎた2005年、同じく宮城県仙台市にある明成のバスケ部創部とともに監督に就任し、高校バスケット界に帰ってきた。再び能代工の前に立ちはだかるのに時間を要しなかったばかりか、仙台時代とは違うスタイルを掲げるチームの育成を試みていた。

根底にある「高校生らしく一生懸命」に戦う姿は不変なのだが、学区内の選手だけで戦うハングリーさを看板にしていた公立の仙台時代とは違い、全国から選手が集まるようになった私立の明成では、どんなチームにも対抗できるようにと、ディフェンスのチェンジングや対応力をより高めることに挑戦したのである。

そのアイディアの中には、自身がアンダーカテゴリーを指揮して世界の舞台で挑戦してきた経験が生かされていた。監督就任から1年半後、明成は1、2年生だけの布陣でウインターカップに初出場するまでに成長し、注目を集める存在となった。ライバルたちは進化し始めていたのだ。

ときは留学生全盛時代。2005年からの2年間、能代工は留学生を擁するチームに対策を見つけられずにいた。2007年（平成19年）に地元秋田で行われる「わか杉国体」が迫っていた。何かを変えるときが来ていた。

悲願の地元国体優勝と旅立ちのとき

驚くべきことに、1967年（昭和42年）に埼玉国体で初優勝して以来、1973年（昭和48年）に3年生だった代を除けば、能代工の選手はいずれかの学年で一度は全国優勝を経験していた。ただ、その73年にしても沖縄特別国体（沖縄の本土復帰を記念して行われた、種目と参加人数を限定したミニ国体）では優勝している。しかし2007年に3年生になる代は入学以来、一度も優勝を経験していなかった。2005年はインターハイで八王子、ウインターカップでは福岡第一、2006年（平成18年）はインターハイで延岡学園、ウインターカップでは明徳義塾と、アフリカ系留学生を擁するチームにことごとく敗れていた。優勝からたった2年離れただけで、「もう時代は終わった」という声が聞こえてくる高校など、全国を見渡しても能代工しかないだろう。そんな重圧の中で三彦も選手も、もがいていた。

この代のマネージャーに抜擢された新岡潤は機転が利いた。三彦が伝えたいことを自分の言葉でかみ砕いて選手たちに伝えるなど、部員の心を掌握できるマネージャーだった。また、この代は神奈川出身の満原優樹、岩手出身の長谷川技というアンダーカテゴリーの代表候補選手を擁していたため、勝負の年との自負があった。三彦は留学生対策においてはリバウンドを強化し、満原や長谷川をアウトサイドから攻撃できる選手へと育成していた。「高校バスケは日本人選手を育ててこそ」という信念のもと、彼らの将来を見据えて育成した。そんな中で新岡はキャプテンの渡部敬祐とともにチーム改革に打って出た。

「僕たちは2年間勝っていなかったので、日本一になるチームがとるべき行動を誰も知らなかったんです。だから、まず自分と渡部がチームメイトから尊敬を勝ち取ろうと、誰よりも早く体育館に行き、朝練を続けることにしました。僕と渡部は、満原や長谷川のようにスターではありません。だから一番練習して、尊敬される行動をしているから上に立っているんだ、という姿勢を示す必要がありました」

朝練から先頭に立った2人のリーダーに2人のエースが絡んだほか、速攻の先陣を常に走るような「名脇役」の高橋健太郎が台頭するなどチーム力は上昇していった。6月の東北大会では、佐藤が監督を務める明成と決勝で対決。三彦が「インターハイ前に唯一、全国上位のレベルを体験できる相手」と語るほどの力をつけていた創部3年目の明成に5点差で勝利し、手応えをつかんでインターハイに臨むことになる。そして、佐賀で開催されたインターハイでは能代工らしく走るバスケを披露し、優勝候補の一角だった福岡第一との準決勝での大一番に勝利すると、決勝では福岡大附属大濠との熱戦を制

2007年のインターハイと国体で優勝
に貢献したエース満原優樹

し、見事4年ぶりに王座を奪回した。

そして、このチームのハイライトは地元秋田で開催された「わか杉国体」だ。会場はお膝元である能代市総合体育館。連日、超満員となる熱気に包まれた会場で、留学生を擁する東京を準決勝で下し、決勝では福岡第一と福岡大附属大濠がタッグを組んだ強豪の福岡を79－64で撃破。1998年以来、9年ぶりとなる国体制覇を遂げ、能代工としては58回目の日本一に輝いた。エース満原は「僕たちは留学生に弱い、弱いと言われていたので、二冠は本当にうれしい」と晴れやかな顔で語った。

地元国体での優勝は、県内のクラブチームである琴丘体協（後の三種体協琴丘）や、実業団の強豪として鳴らすJR東日本秋田に幾度も胸を借りた成果が出たと言える。例年、兄貴分である県内の両チームと練習している能代工だが、この年はより一層、3チーム間で切磋琢磨してきた。というのも、国体に出場する成年チームが、琴丘体協とJR東日本秋田の両チームを主体とするメンバーで結成されていたからだ。成年チームは、OBの千田裕之と2015年（平成27年）から能代工の監督となる栄田直宏がコーチングスタッフを務め、小納真良、田中学、齊藤直樹、若月徹、菊地勇樹、村山範行、小野弘樹、高久順、富田敏幸ら9人もの能代工OBがメンバーに名を連ねて3位の成績を収めた。地鳴りのような能代市民の大声援が力となり、まさしく「オール秋田」でつかんだ成果だった。

ウインターカップでは、大黒柱の満原が準決勝で負傷したこともあって3位に終わるが、堂々の二冠達成。そして、この代を最後に三彦は次なるステージへ進む決意をする。「地元国体で優勝を飾るという大きな仕事を終え、新しいチャレンジと変化を求めていた」と、当時その理由を語っていた。年が明けて2008年(平成20年)2月の東北新人戦の決勝をもって、コーチ時代を含めて21年にわたる能代工での指導者生活が幕を閉じた。

最後の試合に敗れて東北新人王者を明け渡した相手は佐藤の明成だった。これは因果なのか、それとも認め合う両者が引き寄せた運命なのか。まだまだ見たかった2人のライバル対決だが、佐藤が外の世界を一度見たように、三彦も環境を変えるときが来た。三彦はその後、リンク栃木ブレックス(現・宇都宮ブレックス)のヘッドコーチを経て、西武文理大で教授となり、現在は同大バスケットボール部の指導にあたっている。

加藤三彦（左）と佐藤久夫（2019年撮影）。東北のライバルとして数々の名勝負を演じた

この章の最後に――。「必勝不敗」の顔とも言える選手たちに、20数年のときを経て、どうしても聞いてみたいことがあった。

小納兄弟には「優勝しなければならない宿命を背負うことが、どれほどのプレッシャーだったのか」また「ポーカーフェイスでプレーしていたが、あれは2人の性格なのか、それとも装いだったのか」という質問を投げかけた。

「優勝しないと認めてもらえないのは怖いところでもありますが、プレッシャーよりは負けたくないという感覚ですね。負けることは考えず、自分たちのやってきたことをやれば勝てるという自信がありました」と兄の真樹が言えば、真良は「僕らだけじゃなく、能代工の選手って試合中に笑わないんですけど、それは『笑うと隙が見える』と先輩たちに言われていたからです。あの頃はまるで機械のように淡々とやっていましたよね。でも、バスケ自体は試合をしていて面白かったですね。ほかの高校が真似できないバスケで、面白いことをやっていたと思います」と答えてくれた。そう、プレーしている当事者が面白かったから、見ている者が魅了されたのだ。

そして、田臥勇太にも聞いた。「当時は留学生のいない時代だったが、現在の留学生チームと対戦したら、9冠世代は勝てると思うか?」と。

「それ、僕も考えたことあるんですよ」――。田臥の目が輝いた。

「サイズ的には向こうにアドバンテージがあるだろうけど、そこで自分たちは相当考えながらやるだろうし、逆に戦い方を変えないで速さやシュートを打ち続けて徹底する部分、こだわる部分を出すと思います。そういう意味では、どっちが強い弱いじゃなくて、やってみたかったです。自分でも客観的に見てみたい興味がありますね。いやあ、対戦してみたかったなあ」と笑顔で話してくれた。

小納兄弟や田臥世代が、現在の高校バスケット界にいたら、どんな戦いをするだろうか――。時代を超えて、そんな思いを馳せてしまうほど、多くのファンを魅きつけた能代工。

「必勝不敗」という目標に向かい、トランジションに磨きをかけ、トリオのコンビネーションをつくり、常勝チームへと導いた三彦監督。「また見たい」と多くの人々の関心と足を体育館に向かわせた能代工らしさ全開のバスケは、間違いなく、日本バスケットボール界の一時代を築いたと言える。

田臥勇太は高校バスケットボール界の枠を
越え、一大ムーブメントを巻き起こした

それまでのどの時代よりも加速し、
ルーズボールやリバウンドの球際の強さとともに
展開される9冠時代のバスケットは、
観客が「もっと見ていたい」と中毒になるほどの
ハーモニーを奏でた――。
どこの会場でも「能代工と田臥フィーバー」は相当なものだった。

能代工高
4

JOMO
必勝不敗 能代工業
秋田県立能代工 BBC
10

能工V50達成おめでとう

能代工高
6

能工高
4

JUST DO IT.

能代工高
4

能代工高
代工業

能代工高
6
能代工高
5
能代工高
4

田臥勇太

（平成11年卒）

たぶせ・ゆうた／1980年（昭和55年）生まれ、神奈川県出身。横浜市立大道中から能代工に進学し、1年時からレギュラーとして活躍。在学3年間に出場した全国大会ですべて優勝し、前人未到の9冠達成の立役者となった。2004年に日本人初のNBAプレーヤーとなり、現在はBリーグの宇都宮ブレックスに所属する。

「能代工は僕のバスケットボールを確立した場所」

伝統を感じた体育館

僕が能代工に進学した理由は、強い高校でバスケがしたかったから、そして何よりも、大道中学のコーチで、能代工の大ファンだった伊藤博之先生から強く勧められたからです。

僕が練習会に参加したのは、新しい体育館になる少し前で、まだ古い体育館でした。能代工の体育館に行ったことのある人ならわかると思いますが、あの体育館は独特な雰囲気と伝統を感じる特別な場所なんです。体育館に入ると、それまで雑誌やテレビでしか見たことのない先輩たちが目の前にいて「能代工に入ったらこんなにすごい人たちとバスケできるんだ！」、「同級生にこんなにうまい選手がいるんだ！」とうれしくなりました。

練習会が終わって帰るときには「能代工でバスケをする」ことを決めていました。というより、伊藤先生と僕の中で「行かない」という選択肢はありませんでした。とにかく、体育館で真剣に練習している雰囲気に圧倒されたことを今でも鮮明に思い出します。ここでなら、バスケに専念できるだろうなあと思ったんです。

結果論ですけど、能代工に入れたのは伊藤先生のおかげです。伊藤先生との出会いにも本当に感謝しています。

いざ入学して、苦労したのが能代弁です。あの方言は衝撃的でしたね。バスケ部では「能代の人になりなさい」ということで、能代弁で話す決まりがあるのですが、僕にとっては何を話しているか本当にわからなくて、言葉の壁でした（笑）。

能代弁を覚えるのは、そりゃあもう大変でした。地元から来ているクラスメイトやチームメイトに必死になって教わりました。最初に覚えたのは「んだす」と「なもだす」。敬語で「そうです」は「んだす」。「違います」は「なもだす」なので、先生や先輩と話すときには必須でした。「んだ、んだ」（そうだ、そうだ）とか「なんもなんも」（いやいや、大丈夫、どういたしまして）とか、そのへんは毎日使ってましたね。2年生になると、ネイティブではないけれど、能代弁をしゃべれるようになっていました。

街を挙げて応援してくれる能代の環境もすごかったです。練習後にみんなで柳町商店街にあるジャスコ（現在はイオン）に行ったりするのですが、バスケ部だとすぐに目立ってしまうので、悪さはできませんでした（笑）。でもバスケ部だからこそいいことがたくさんあって、どこに行っても街の人が声をかけてくれました。ラーメン屋さんや定食屋さんに行くと、「みんなで食べな」とたくさんサービスしてくれたし、それこそ、勝てば勝つほど大盛りにしてくれました（笑）。「能代は田舎だけどバスケでは都会だ」と三彦先生はいつも言っていました。何もない田舎だからこそバスケに集中できたし、街の人が応援してくれる文化を僕らは誇りに思っていました。

「徹底」こそが能代工の強さ

入学してすぐに試合に出させてもらいましたが、自分にとってラッキーだったのは、先輩や仲間が僕のことを生かしてくれたことです。三彦先生がシューティングガード寄りのポイントガードにポジションを置いてくれたので、やりやすかったです。僕のいいところを引き出してくれました。僕がコントロールするというよりは、攻めながらゲームをつくる感じです。畑山（陽一）さんがボールを運んで、3ポイントを打って、ディフェンスもして。（菊地）勇樹はひたすら3ポイントを打って、インサイドでは小嶋（信哉）さんと（若月）徹が走ってくれました。

5人のバランスが非常にマッチしていて、本当にやりやすいメンバーだったのですが、自分や勇樹が好きに攻めていたので、センター陣は本当に大変だったと思います。今思えば、速攻からスリーをバンバン打つことがOKなんて、すごいバスケをしていました（笑）。逆に、流れの中でシュートを打たないと注意されたし、リズムを崩すことの方が自分たちにはマイナスでした。いかに自分たちのリズムをつくっていくか、その作業を40分間ひたすら繰り返せるのが強みだったと思います。

ゾーンプレスも武器でした。「ここで挟みにいこう」みたいな練習は特にしていなくて、感覚的にやっているところがありました。不思議なディフェンスでした。ただ、流れの中で「ここが勝負どころだぞ」とか、「ここでギア上げよう」とか、「当たる位置を上げよう」とかいう場面はみんながわかっていて、それぞれが考えながらやっていました。

勉強になったのは畑山さんのディフェンスです。畑山さんはわざと抜かせて後ろからスティールしたり、ハイポストにあえてボールを入れさせてカットを狙ったり、そういう駆け引きがうまかったです。一つ下では扇田（正博）が「一人プレス」をするくらいディフェンスを頑張ってくれたので、ガードとしては非常に助かりました。能代工には人が嫌がることを率先してやってくれる選手が必ずいたので、そういう泥臭さも強みでした。

能代工の強さは「徹底」することにあると思うんですよ。バスケットに打ち込める環境がどこよりもあって、ボールへの執着心がすごくて、一人ひとりが役割を徹底する。「9冠の中でどの代が強いと思いますか？」とよく聞かれますが、間違いなく2年生のときが強かったと答えます。やっぱり、2年間同じメンバーでやれて、畑山さんと小嶋さんが支えてくれたのは大きかったです。

自信を持ってやり遂げた9冠

9冠へのプレッシャーはあまり感じてはいなかったのですが、絶対に負けられない中での勝負に対する思いは学年によって違いました。1年生のときは、ただ一生懸命にやって先輩たちについていっただけ。2年生のときは負ける気がまったくしなかったです。1年生のときに同じメンバーで勝てたので、2年目になってさらにパワーアップして戦えました。ただ、3年生になってからは責任感が違いました。新チームになって畑山さんと小嶋さんが抜けたことで、先輩たちのいい部分を引き継ぎつつ、後輩たちとどう合わせていくかをいろいろ試しました。そこは1、2年生のときとは違うチームづくりだったので、難しいところがありました。

それでも自信を持ってインターハイに臨めたのは、夏にOBと試合をして、ボロクソにやられたからです。最後の方は勝つことができたので、自信を持ってインターハイに臨めました。負けそうなことが3年間で何試合かありましたが、「自分たちのバスケをやれば、絶対に負けない」という自信をみんなが持っていたし、プライドもありました。「僕らが負けるとすればOB戦だけ」とみんなで言っていました。

最後のウインターカップは、仲間たちと一緒に楽しんで戦いたかったし、チャレンジャーの気持ちで臨みました。もちろん9冠を達成したときはうれしかったですし、1、2年生で勝ったときとは違う感覚がありました。畑山さんに「自分たちの代で優勝すると全然違うよ」と言われたのですが、本当にそのとおりだと思いました。高校3年間という限られた時間の中、すべての全国大会で勝って終われたので、本当にやり遂げたんだなあ、という思いがありました。

新しいものを生み出してほしい

能代工時代から応援してくださる方が今でもたくさんいます。それこそ「高校のときに試合を見ていました」、「大会でモッパーをしていました」、「会場に入るのに並びました」とか、そういう話を聞くと、いろんな人が応援してくれているんだなあと思うと同時に、それを高校時代から経験できたのは本当にありがたいことだと感じます。

「人気がすごかったから大変だったでしょう？」と周りから言われることが多いのですが、日常生活では全然でした。本当に全然です。能代工自体がもともと強くて伝統あるチームだったので、注目されることはわかっていましたが、自分がすごいだなんて思ったことは一度もありません。それに普段、生活している能代の街は片田舎なので、そこまで人気があるとは感じませんでした。

ただ、大会になると「注目されているな」というのはとても感じました。試合会場では観客が多くてたくさん応援してもらったので、「すごいなあ、うれしいなあ」と毎回思っていました。今みたいにSNSがない時代じゃないですか。雑誌に載ったり、会場で騒がれたりすることで注目されていると実感しました。本当にありがたかったです。

僕にとっての能代工はバスケットに打ち込めるところでした。「うまくなりたい」という思いで、ただひたすら練習していました。そんな中で、ルーズボールを諦めないという、自分のバスケスタイルが確立しました。今こうして、プロになって声をかけてもらえるのも能代工でやっていたからです。たくさん応援してもらえるきっかけを高校時代につくれたというのは、僕のバスケット人生の中でとても大きなことです。

学校の統合と校名変更に関しては、伝統ある高校なので、さびしい気持ちはありますが、ここから新しいものを生み出してほしいという思いが強いです。校名が変わることでここまで注目してもらえる高校は、ほかにはありませんから。バスケ部の伝統や走るスタイルといった能代工のいい部分を受け継ぎ、これからつくる新しいものを上乗せできれば、さらにパワーアップすると思います。

左から菊地勇樹、若月徹、田臥勇太、畑山陽一、小嶋信哉。
1996年からの２年間、チームを支え続けた不動の５人だ

変革期
2008～2021年

文・三上 太

著者プロフィール

スポーツライター。バスケットボールを主な取材対象として、さまざまな媒体で原稿を執筆。男女の日本代表チーム、Bリーグ、Wリーグだけでなく、学生年代も追いかける

加藤三彦（以下、三彦）が学校を去ってから、能代工バスケットボール部は〝冬の時代〟に突入する。「必勝不敗」の旗印のもと、常に日本一に立つことを最大の目標に掲げてきたチームが2007年（平成19年）に行われた地元・秋田での国民体育大会を最後に全国優勝から遠のいてしまった。何度も全国制覇を果たしてきたOBや、彼らを支えてきた能代市民の目から見れば、2008年（平成20年）以降は〝冬の時代〟と言っていい。

しかし、こうも記しておきたい。明けない夜がないように、明けない冬もない――。

現役を引退して母校の監督に

2008年春、三彦の後を継いだのは佐藤信長である。インターハイ8連覇を阻止された1986年（昭和61年）に能代工に入学し、3年間で4度全国の頂点に立ったポイントガードだ。卒業後は明大に進学し、住友金属、アイシン精機、福岡レッドファルコンズ、そしてパナソニックでプレーを続けた。

身長170センチ。ポイントガードとしては決して身長が高い方ではない。抜群の身体能力や優れた運動能力を持っていたわけでもない。それでも持ち前のガッツ、勝負強さ、経験を武器にできる思考力で、日本リーグでも日本一に輝いている。

三彦の後任を探す中でそんな佐藤に白羽の矢が立ったのは、自然の流れだったのかもしれない。折も折、37歳になり、現役を退いてもおかしくない時期でもあった。

しかし佐藤は当初、能代工の監督就任要請を「断るつもりだった」。それはそうだろう。能代工のOBで、さまざまな舞台で日本一に輝いているとはいえ、それはあくまでも「選手・佐藤信長」である。指導者の経験は一度もない。ましてや相手は高校生である。何を教えなければいけないのかさえわからない。

指導に興味がなかったわけではない。引退後はコーチになりたいと思っていた。しかし、それはあくまでもトップカテゴリー——今でこそBリーグで統一されているが、佐藤の現役当時は日本リーグ、JBL、スーパーリーグ、NBL、そしてbjリーグなど、さまざまな名称、組織があったので、それらをまとめて「トップカテゴリー」とする——での話である。高校生の指導は選択肢になかった。

それでも恩師である加藤廣志をはじめ、三彦や周囲からの度重なる要請と期待は強まるばかり。断り切れなかった。何よりも佐藤を動かしたのは、本人いわく「変な正義感」だった。次の監督が決まっていない中でも、能代工の体育館には数十名の部員が待っている。名前はもちろん、学年も、出身中学も知らないが、彼らを放っておくわけにはいかない。中には秋田県以外から「能代工でバスケットがしたい」と意気込んできた子どもたちもいるだろう。彼らを送り出してくれた親の思いもある。佐藤は重い腰を上げたのである。

勝利至上主義への葛藤

監督就任にあたって、佐藤はチームの再構築を自らに課した。

佐藤が生まれる前の1967年（昭和42年）に埼玉国体で全国初優勝を果たして以降、ベンチの内外はともかく、1973年（昭和48年）の沖縄特別国体も含めると、3年間で一度も全国制覇を経験したことのないOBは一人もいない。自分たちの代では勝てなかったけれども、先輩たちが勝った。先輩たちは勝てなかったけれども、自分たちの代で日本一に返り咲いた。そんな選手ばかりである。勝つことへの執着はどの学校よりも強い。佐藤もまたそうした教えを叩き込まれてきた。

しかし佐藤は進学した明大で大きな壁に直面している。マンツーマンディフェンスができなかったのである。能代工ではゾーンディフェンスからのファストブレイクで全国の頂点に立ってきた。そのためマンツーマンディフェンスをほとんどやってこなかった。それでも「能代工だから、できてあたり前だろう」という目で見られる。佐藤自身はそうした目を「何くそ」という気持ちで跳ね返し、力に変えることができたが、すべての子どもたちに通じるものではない。

そして子どもたちは情報化社会の中で、世界のバスケットシーンに触れている。個々のスキルレベルは佐藤が高校生のときとは比べものにならない。シュート一つを切り取ってみても、そのバリエーションは多く、確率も高い。もはや昔ながらのゾーンディフェンス一辺倒では勝つことができない。オフェンス、ディフェンスに関係なく、間口を広げていかなければ、OBや市民が求める勝利は昔のように手に入れられない時代になっていたのである。

さらに言えば、子どもたちは簡単には集まってこない。昔は「能代工に行けば日本一になれる」と夢を抱く全国の中学生、それも実力のある中学生がその門を叩いてきた。だが、今や全国の私立高校がスポーツに力を入れ始めている。彼らに日本一の座を奪われ続けたことで、中学生の目は能代工以外にも向き始め、必死のリクルートにも反応は芳しくなかった。もちろん当時の能代工の選手たちに力がなかったわけではない。しかし、全国で勝つためにはそれだけの力量を持つ人材がどうしても必要になる。指導キャリアのない佐藤であれば、なおのこと人材がほしかったはずだ。

さまざまな事情が常勝期とは異なっていた。それでも、佐藤は勝つことを求められた。やや極端な言い方をすれば、勝つことだけを求められていたのである。

それに対して佐藤は常に葛藤していた。勝つことだけがすべてなのか。勝つ以前にすべきことがあるのではないか。自身が卒業後に味わった苦い経験を目の前にいる子どもたちにさせてはいけない。少なくとも佐藤の目には当時の能代工は「基本的なことさえできていない」チームに映った。だからこそ〝新生・能代工〟を構築しよう、勝っているから許されてきたことも、すべてをゼロにしてチームを立て直そうと考えたわけである。

しかし、この「勝っているから許されてきたこと」が何よりも佐藤を苦しめた。それこそが当時の能代工にはびこっていた一番の悪習だったのかもしれない。佐藤自身、高校生のときには気づけなかった。しかし大学に進み、社会人になり、トップカテゴリーで日本一を経験してからは「勝っているからこそ謙虚にならなければいけない」という思考に変わった。だからこそ母校に帰ってきたとき、一般社会とは異なる感覚のずれにいち早く気づくことができた。

佐藤は教員免許を持っていない。しかし秋田県には「社会人特別枠」という、県内限定の特別免許状がある。それを取得し、名実ともに能代工の監督となった佐藤は、多くの先生方にアドバイスを請い、校長にも頭を下げた。バスケット部として困ったことがあれば言うけれども、一方で学校に迷惑をかけていることがあれば言ってほしい。学校と密度の濃い意思疎通を図りながら、チームの再構築に取りかかったのである。

2008年に監督に就任した佐藤信長。能代工で指導者生活をスタートさせた

伝統校ゆえの重圧と批判

しかし、佐藤が求めた謙虚さは、すぐには勝利に結びつかなかった。全国でベスト8までは勝ち上がるのだが、そこで負けてしまう。当然のように槍玉に上げられる。なぜ勝てなかったのか。敗因はどこにあったのか——。

本来は陽気な性格で、誰とでも気軽にしゃべる佐藤だが、能代工の監督時代は真逆の人間像を演じていた。コートでは常に鋭い目を光らせ、記者に囲まれれば、厳しい表情と言葉で返していく。学生の頃から知っている記者には笑顔で返したい。しかし、それさえも許さない空気が、結果を出せていないという一点だけで佐藤を覆っていたのである。

家族で食事に出かけても、周囲から心ない言葉を浴びせられる。

「なんで勝てないんだ」

「こんなところで食事をしている暇があったら、練習しろ」

応援しているがゆえのエールだったのかもしれない。しかし佐藤にしてみれば、それが監督である自分だけならまだしも、彼を支える家族にまで向かうことに心を痛めていた。

妻の薫は何かにつけて佐藤を献身的にサポートした。現役を退き、すぐに能代工で監督を務めることになったときも、さまざまなアドバイスをしてくれた。前記のとおり、選手時代の佐藤は高校バスケットにさほどの興味を抱いていなかった。どのように指導すればいいのかもわからない。それ以前に、高校生とどう接していいかさえわからない。そんな佐藤に薫は「子を持つ親の視点」を説いてくれた。

謙虚でいることの大切さに気づきながら、一方で佐藤の心のどこかにくすぶっていた「能代工はこうあるべきだ」という先入観を客観視し、諭してくれたのもまた薫だった。

諭すだけではない。佐藤が監督に就任して4年目の2011年（平成23年）、強化拠点校のために秋田県が能代工の寮（松籟寮）を全面改装したのだが、あろうことか、子どもたちに食事をつくってくれる人の手配に漏れがあった。そこで、その役目を買って出たのが薫だった。当時は娘・仁子が生まれたばかり。薫は仁子をおぶって、朝4時半から深夜1時まで、20人分の料理をつくった。しかも学校の規定で彼女が寮に泊まることは許されず、かといって、朝食の準備に遅れることもできない。そのため寮の前に車を駐車し、そこで寝起きしていた。寮母がいなければ、監督の妻がそれに代わるのは当然だろう。そういう風潮が、当時の能代工には色濃く残っていたと佐藤は述懐している。

佐藤の息子・星来もまた、幼いながらに父と母を支えた一人である。彼が小学生の頃、佐藤率いる能代工は東北ブロック大会で明成（現・仙台大附属明成）に大差で敗れている。この大会は「ＮＨＫ杯」とも呼ばれ、東北各地にその映像が流れる。大差での敗戦は「公開処刑のようなものだった」。さすがの薫も思わぬ大差に涙をこぼした。小学校でも「お前のオヤジが来てから、能代工は勝てなくなった」と言われていた星来だったが、母親の涙を見るなり、「泣くな。俺がパパを助けるんだ。だから泣くな」と言った。当時は少年野球に明け暮れていた星来だったが、その後バスケットに転身。能代工に進むことはなかったが、高校卒業後は、父親が監督を務める東洋大のバスケット部に入部することが決まっている。

蒔いた種が花を咲かす

重くのしかかる伝統ゆえに改革はままならず、本来の自分さえ出せずにストレスを抱えていた佐藤。就任直後の3年間こそインターハイでベスト8を維持したが、「真の日本一を決める大会」と言われるウインターカップではそこにも達することができない。2010年（平成22年）はシード校ながら初戦（2回戦）敗退、2013年（平成25年）には1回戦敗退という憂き目に遭っている。

心身を疲弊させながらも、佐藤の感じていた悪習が徐々に薄れてきて、長谷川暢や盛實海翔といった有望な人材が入学してきた。しかし、「さあ、これからだ」というときに佐藤は退任を求められる。

他校への転任も打診されたが、もともと高校生の指導をしたかったわけではない。ほかならぬ母校、能代工だったからこそ引き受けた仕事だ。他校へ転任するくらいであれば、教員そのものをやめる。それくらいの覚悟を持って、その座についていた。時代に

現在も秋田ノーザンハピネッツでプレーを続ける長谷川暢

即したチームに変えようと考えたのも、強い能代工を残したいと思っていたからである。

佐藤が監督として最後にベンチに入った2014年（平成26年）のウインターカップで能代工はベスト8に進出し、7年ぶりにメインコートに立った。チームをけん引したのは3年生の長谷川だった。その翌年、佐藤はその場にいなかったが、盛實を擁する能代工はウインターカップで8年ぶりに銅メダルを獲得している。

長谷川と盛實は今、Bリーグでプレーしている。2人だけではない。ほかにも佐藤が指導してきた数名の選手が、Bリーグや実業団でプレーを続けている。佐藤にとっては、母校の結果もさることながら、教え子がそれぞれのカテゴリーで活躍できていることの方がうれしい。やってきたことは間違いではなかった。

2015年（平成27年）3月に能代工の監督を辞した佐藤は、同年から2シーズン半、当時bjリーグに属していた青森ワッツで指揮を執った。そして2018年（平成30年）からは東洋大男子バスケットボール部の監督を務めている。

「能代工での7年がなければ、今こうして大学生を指導することもなかったと思います。失敗の方が多い7年でしたけど、いろんなことに気づかせてくれた、内容の濃い7年でした」

あるべき姿を求めて

佐藤の後を受けたのは栄田直宏だった。栄田は佐藤の同級生で、高校時代は今なお「能代工で一番うまい子がなる」と言われるマネージャーを務めていた。誤解がないように言えば、「一番うまい子」とは単にスキルだけのことではない。バスケットに精通しながら、周囲を見渡し、声を出し、気を配ることもできる、そうした総合力の高い生徒がマネージャーを務めるのである。

秋田市で生まれ育った栄田にとって、能代工はずっと憧れの的だった。中学2年生のときに地元で行われたインターハイで優勝するシーンを見て以来、その思いが薄れることは一度もなかった。中学を卒業し、同校の門を叩くと、選手として活躍することはできなかったが、マネージャーとして全国制覇を経験。時代は流れて2007年（平成19年）、三彦が率いる秋田県選抜（能代工単独チーム）が、やはり秋田で行われた国体で、

2016年卒業の盛實海翔は専大を経て、
現在はサンロッカーズ渋谷に所属する

中学2年生時に見たインターハイ制覇を彷彿させるような優勝を遂げたとき、母校に対する栄田の思いはより強くなっていった。そして2013年にアシスタントコーチとなり、2015年から監督を務めることになる。

しかし諸行無常と言うべきか、栄田が再び心を揺さぶられた秋田わかすぎ国体での優勝――通算58回目の全国制覇を最後に、能代工は全国の頂点に立てていない。負けるたびに「58回目の優勝から何年遠ざかる」という枕詞が重くのしかかる。

監督に就任した栄田は京都で行われたインターハイでベスト8、ウインターカップでは8年ぶりに大会最終日まで残り、銅メダルを獲得している。だが栄田によると、その結果は「信長先生の遺産」だという。佐藤とともに育てた子どもたちが、前年のベスト8という経験を糧にして勝ち上がったのだと考えた。

だからこそ栄田は銅メダルを獲得した瞬間から次の行動に移っている。当時の3年生、盛實らを親もとに帰す一方で、栄田は1、2年生とともに能代に戻って練習を再開させた。ウインターカップの3位決定戦が行われたのが12月29日。翌30日にはすでに練習を再開させているのだ。

マネージャー出身者として初めて能代工の監督になった栄田直宏

そうした行動は栄田が監督に就任して2年目、インターハイ秋田県予選の決勝戦で平成に敗れたときも変わらなかった。47年連続で出場していたインターハイを逃し、その歴史に暗い一ページを加えてもなお、栄田は能代工バスケット部のあるべき姿を求めたのである。

練習をやめない理由

話は栄田の高校時代に遡る。結果として昭和の最後の年となる——厳密には昭和64年も7日間ほどあるのだが——1988年（昭和63年）は現行のウインターカップが、それ以前の「春の選抜」から冬に移行した年だった。そのためこの年は春の選抜、インターハイ、国体、そしてウインターカップ（当時は「冬の選抜」と呼ばれていたが、ここではわかりやすくウインターカップと記しておく）と4つの全国大会が行われた。三浦祐司、佐藤信長、長谷川誠らを擁した能代工は、神戸で開催された春の選抜を制して、幸先のいいスタートを切る。しかし同じく神戸で行われたインターハイでは、決勝戦で佐古賢一（現・男子日本代表アシスタントコーチ）を擁する北陸に敗れてしまった。

その後の結果を先に記せば、能代工は国体とウインターカップをともに制している。1988年に唯一負けた全国大会が神戸インターハイだったわけである。

筆者はその試合を現地で観戦している。当時は中学3年生。兄が京都の大学に通っていたため、兄の下宿に泊まり、神戸まで出向いた。そこで見た能代工と北陸の決勝戦は、田舎の中学生に強烈なインパクトを与えた。佐古がゲームをコントロールし、三浦がパワフルなプレーを見せる。佐藤がキビキビと動き、長谷川が縦横無尽に駆け回る。直接会ったことはないのだが、北陸の塩屋清文は筆者の中学高校の先輩だった。そのため、中学生の筆者は北陸の優勝に喜んだのだが、その先に知られざる能代工のエピソードがあった。

決勝戦で敗れた能代工はその日の夜行列車で能代に帰った。日程表をつくるのはマネージャーの仕事である。夜行で帰ることは「予定どおりだった」と栄田は明かす。むろん予定では優勝して夜行に乗るはずだった。

翌朝、能代駅に到着。加藤廣志と三彦はひとつ前の駅、奥羽本線から五能線に乗り換える東能代駅で下車し、先にタクシーで帰ったようだった。選手たちが栄田に問う。

「下宿に帰っていいんだべ？」

前日に死闘を演じ、そのまま夜行で帰ってきている。疲れを癒すために下宿に帰りたいというのも無理はない。しかし栄田は妙な胸騒ぎがした。

「いや、一回学校に行こう」

いつもどおり隊列を組み、能代駅から柳町商店街を抜け、能代工へと歩いていく。15分くらいの道のりだろうか。街の人たちは誰も声をかけてくれない。金メダル以外はメダルじゃないとでも言わんばかりだ。

体育館に入ると、そこに加藤廣志と三彦がいた。「下宿に帰さなくてよかった」とは栄田の心境。すると加藤廣志がいきなり謝ってきた。「こんな強いチームを勝たせられなかった。申し訳ない」。当然、子どもたちは頭を下げる加藤廣志に「いやいや、ちょっと待ってください」と駆け寄る。

「俺たち、頑張りますから」

そうすると、加藤廣志はスッと頭を上げて、こう切り返してきた。

「そうか、頑張るか。じゃあ、一回下宿に帰って、荷物を置いて、ご飯を食べたら、ボディコンからいこうか」

絶句。インターハイ決勝戦の翌日、夜行で帰ってきたばかりの選手たちが、その日の午前から練習を再開させる。しかも当時の能代工で最もきついとされていた「ボディーコントロール」、通称「ボディコン」から始めると言うのだ。

栄田は当時を振り返りながら「あれは大将にだまされました」と笑うが、一方でそれが能代工であることを強烈に印象づけられた。能代工の監督となって、インターハイの出場を断たれ、その後、ウインターカップの出場も断たれても決して練習をやめなかったのは、「それが能代工だから」という矜持以外の何ものでもなかったのである。

当事者としての覚悟

その精神は栄田がチームを離れることが決まってからも続いた。

2017年(平成29年)夏、能代工は福島で行われたインターハイに2年ぶりに出場

迫力ある応援も伝統の一つ。控え部員がチームを盛り上げる

している。しかし初戦で正智深谷に敗北。学校に戻ると、校長から「チームを見るのは8月いっぱいまで」と告げられた。栄田はすぐに受け入れたが、心の底では悔恨の情、無念に思う気持ちが強かったはずである。

それでも栄田は最後まで能代工の監督であり続けようとした。最後の一カ月、まだウインターカップが残っている、そう信じる子どもたちのために間違った姿は見せられない。結果としてその年はウインターカップにも出られないのだが、8月の暑い一カ月を栄田は子どもたちと練習に励み、技術科の教諭としては翌年の3月まで能代工で勤め上げた。

そこで栄田は能代工に脈々と続く伝統の真の意味を知る。

「それは加藤廣志先生がいるとか、能代工の伝統だからというだけでなく、そこに子どもたちがいるからなんです」

もちろん県内でさえも勝てなかった2年は苦しいものだった。周囲からは「どうなっているんだ」、「何、負けているんだ」といった厳しい声が届く。大人であれば耐えられるかもしれないが、名門校の選手とはいえ、高校生である。些細な言葉で傷つくことがある。栄田はそんな彼らを見守りつつ、自分自身にも言い聞かせるように、「プレッシャーがかかったり、負けて苦しんだり、厳しい声が届いたりするのは、すべて自分たちが当事者であるからだ」と言い続けてきた。当事者でなければ、そんな思いをすることもない。厳しい言葉も届かない。「今の能代工は誰なんだ？　俺とお前たちだろう？」。そんな言葉で、ややもすれば内に潜っていきそうな子どもたちを奮起させていたのである。

能代工を後にした栄田は2018年に、前職だった中学校の教員に戻った。そして2021年（令和3年）1月に行われた「Jr．ウインターカップ」で、秋田市立城南中学校を優勝に導いている。この大会は部活動のチームだけでなく、街のクラブやBリーグのユースも参加する、中学校年代の「真の日本一」を決める全国大会である。しかも今回が1回目。春の選抜がウインターカップに切り替わった1回目の大会（1988年）で優勝し、「Jr．ウインターカップ」の第1回大会でも優勝。今なお続く、高校バスケット界で「第4の全国大会」とも言われる能代カップも、栄田が3年生のときに第1回大会が開かれている。

そうした節目の大会をことごとく優勝で飾ってきたわけだが、そこには能代工のマネージャーだったからこそ生まれた思考があるという。

「チームをつくる上で大切なことってこうだよな、ただバスケットがうまいだけじゃダメだよなって。もちろん昔と同じやり方ではありませんが、その時代に合った、いい方法はないかと考える原点にはなっていますね」

前述のとおり、能代工では大会などの日程表はすべてマネージャーが作成する。今でこそ、パソコンやスマートフォンなどで全国の時刻表を瞬時に探すことができる。ホテル名を検索すれば、そのアクセス方法もわかる。しかし当時は違う。ホテル名を監督やコーチに聞き出し、そこからは彼らが分厚い時刻表と地図を文字どおり手作業で読み解いていく。どうすれば選手たちが負担なく移動できるか。優勝するためのシミュレーションをバスケット以外の面から組み立てていたからこそ、今なお栄田は指導者としてバスケットに深く携わることができている。

マネージャーとして3年、アシスタントコーチとして2年、そして監督として3年。能代工バスケット部に全力で向き合ったことで、栄田自身もさることながら、チームも苦しい時期をなんとか乗り越えられたのである。

「原点回帰」と「徹底」

２０２１年3月をもって、秋田県立能代工業高等学校はその名の歴史に幕を下ろした。能代工バスケット部の最後の監督として招かれたのは小野秀二。１９７５年（昭和50年）に能代工が初めて「高校三冠」を達成したときのエースガードで、その後、筑波大と住友金属でプレーし、日本代表では、選手としてもコーチとしても活躍した。しかも能代市出身。まさに能代が生んだバスケット界のスーパースターである。

しかし、彼は能代工の教員ではない。秋田県体育協会の所属で、テクニカルアドバイザーとして、秋田県の強化拠点校である能代工バスケット部を指導している。その契約を交わしたのは２０１８年だが、彼の実家は能代工から歩いて5分のところにあるため帰郷すれば必ず能代工に顔を出していた。佐藤が監督に就任したときも「指導経験がゼロで、最初の指導が能代工というのは心配だから」とサポートに入ったし、国体の秋田県チームにアドバイザーとして関わっていた関係で、栄田が率いた頃の能代工にもアシスタントコーチとして加わった。そうした流れの中で監督を引き継ぐことになったのである。

2020年（令和2年）には小野の監督解任の噂が流れたが、彼とともに3年間チームをつくり上げてきた子どもたちの後押しもあって、最後の監督として、その責務を全うすることになった。

小野が能代工バスケット部にもたらそうとしたのは「原点回帰」である。ただし栄田のそれとはやや異なる。栄田は今の時代に合わせつつも、マネージャー時代に培った能代工の精神として残すべき原点に立ち返ろうとした。一方の小野は、彼自身が選手として叩き込まれた能代工バスケットの神髄をもう一度取り戻そうと考えた。つまりはトランジション（攻防の切り替え）の速さであり、サイズで劣ろうともリバウンドとルーズボールでは絶対に負けないというボールへの執着心。それこそが能代工バスケット部として「勝負をする上で絶対に欠かせないこと」であり、「絶対に譲れないところ」だと、小野は考えたのである。

だからだろう、小野からすれば、２０１５年のウインターカップで8年ぶりに銅メダルを獲得したチームさえも、能代工らしさがどこか影を潜めているように見えた。何かが違う。その何かとは「徹底」だと小野は明かす。「加藤廣志のバスケットは徹底だった」と言うわけである。

「俺たちの時代は……」などと言うつもりはない。ただ、能代工バスケット部は、できるかできないかではなく、自分たちが決めたことを徹底する。それこそが見ている者を魅了し、プレーしている本人たちさえも虜にする、最大の魅力だった。

能代工は片田舎にある、ごく普通の県立工業高校だ。全国各地から集まった競技レベルの高い選手だけでなく、一般入試の生徒も入部を希望してくる。受け入れないわけにはいかない。能代工としての最後の年は49人の部員がいた。その49人が全員でチームルールを徹底すれば、それが信頼関係につながる。選手として自立し、人として成長する礎になる。

小野が高校生のときの1学年下には、後にシューターとして日本代表に選出され、近年は女子日本代表のヘッドコーチを務めた内海知秀がいた。現在の彼らを知れば、当時の能代工はスター選手の集まりだったと思われるかもしれないが、当時の彼らはそんなことなど思っていない。周囲からは「能代工は小さいし、うまい選手もいないけれども、チームワークで勝っているね」と言われたものだ。そのチームワークを形成していたのは、チームでの徹底にほかならない。小野はそこに自分が監督を務める意義を見出そうとしていたのである。

そうして「能代工のバスケット」が戻ってくれば、2007年以降、全国優勝から遠のいたことで離れかけているOBの気持ちも一つにまとまるのではないか。また当時、病気と闘っていた加藤廣志への恩返しにもなる。統合によって能代工の名前がなくなることは知っていた。そうしたさまざまな思いを抱えて、小野は最後の監督に就任した。

歴史から学ぶべきこと

むろん、原点に返るだけでは今の高校バスケットで勝つことはできない。結論から書けば、能代工として最後の全国大会となったウインターカップは、1回戦で九州学院に

地元出身の小野秀二が能代工バスケット部の最後の監督を務めた

敗れている。小野が監督に就任して3年、ともに戦ってきた才能豊かな子どもたちをもってしても、全国の壁は高かった。

一方で、県内の壁にぶち当たり、それすら乗り越えられなかった能代工が、小野が就任した2018年以降は最後のウインターカップを除くと、全国でもベスト16、ベスト8と上向きの兆候を見せていた。それはやはり原点回帰が奏功したからだろう。トヨタ自動車アルバルク（現・アルバルク東京）やサンロッカーズ渋谷、愛知学泉大などを率いてきた小野が、さまざまなカテゴリーで磨いたチーム戦術を落とし込むことで、以前とは異なる時代背景の中でも、少しずつ強さを取り戻すことができたのだろう。

温故知新と言えばそれまでだが、それを徹底するのは決して簡単なことではない。能代工の伝統を知り、最新のバスケットにも精通している小野でさえ不安はあった。発展途上の高校生がそれを消化できるのか。しかし能代工の門を――苦しい時代にあっても「秋田でバスケットをするなら能代工で」という高い意識を持って、入ってきた子どもたちの順応性は高かった。それには小野も驚かされたという。もちろん子どもたちが困惑するような戦術もあり、そこは小野自身が見極めなければならなかった。本当にわからないのか、それともやろうとしないだけなのか。ただ、「これは高校生には難しいだろう」と安易な先入観を持つと、子どもたちの成長を妨げることになる。そのことに小野は気づいた。

一方で、やはり高校生だな、と思うところもある。能代工の門を叩く高い目的意識や、漠然とした憧れはあるのだが、伝統を紡いできた歴史を紐解こうとはしない。少なくとも小野の目にはそう映った。58回の全国制覇を成し遂げるために、ＯＢがどういうことをしてきたのか。そこに彼らは触れようとしていなかったのである。

能代工の体育館には、入ってすぐ正面に歴代の優勝カップやトロフィー、プレートがショーケースに飾られている。すぐ上を見れば、田臥勇太らが着用したかつてのユニフォームも飾られている。それらは単なる歴史の一かけらではなく、彼らが取り組んできた努力の結晶である。

小野は子どもたちをそこに連れていき、「君たちはどういうところでバスケットをしていて、どこを目指しているのか」と説いた。小野が指導を受けた加藤廣志は確かに厳しい人だったが、当時の部員は、単にやらされるのではなく、厳しい中で自分はどうなりたいかを自らに求めていた。成功するにせよ、失敗で終わるにせよ、自分は何をしたいのかを明確に考えてバスケットをしてほしい。小野はそれを子どもたちに伝えたかったのである。

自らがどうなりたいかを考えてバスケットをすれば、些細なこともおのずとおろそかにしなくなる。たとえば、コートを往復するダッシュで折り返すときには必ずラインを踏む。オフェンスからディフェンスに戻るときは、ボールラインまでスプリントダッシュで戻る。どんなチームでも練習中に指摘されることだが、強い頃の能代工は監督やコーチが言わなくても、子どもたちの意志でそれができていた。そうした姿が能代市民をはじめとする、全国の能代工ファンの心を揺さぶっていた。

現役引退後、小野は全国各地でクリニックを開催してきた。かの地にはたいてい何人かの「能代工ファン」がいる。彼らの中には思い出話とともに、近年の能代工が全国大会で上位に上がってこないことをさびしいと告げる人がいる。そうした人々との出会いが、それまでにも何度か打診され、そのたびに断り続けた能代工監督への就任要請を受け入れる一因になった。能代工でバスケットをするとは、全国から声援を受けられる選

体育館には歴代のＯＢたちが獲得したトロフィーなどが飾られている

手になることでもある。そのことを今の子どもたちにもわかってほしかった。

最後の全国大会

能代工として最後の全国大会となった、2020年12月に行われたウインターカップ。1回戦で九州学院に逆転負けを喫したが、東北地方のチームらしく、最後の最後まで粘り続けた。第4クォーターで逆転され、追いかける展開となった残り1分28秒。能代工が3点差に詰め寄ったところで九州学院がタイムアウト。小野はそこで選手たちにこう告げている。

「1分半でも意外と長いぞ。こういう場面を引っ繰り返す練習をしてきただろう？　それを信じて、やろう」

タイムアウトが解けて、コートに出ていったとき、最後のキャプテンである中山玄己もチームメイトをこう鼓舞している。

「まだ諦めるな。3点差だから追いつける。ここからだから、しっかりプレーしろ」

しかし、届かなかった。最終スコアは72－77。

加藤廣志が能代工を率いて初めて全国大会に出場し、初勝利を挙げたときのスコアが77－75。第4クォーターで逆転し、逃げ切っての勝利だった。あれから57年の歳月がたつ。能代工としての最後の全国大会は、加藤廣志の指導を受けた小野が采配を振り、全国初勝利のときと同じようなスコア、同じような展開で、最後の敗北を喫した――。

2021年4月、秋田県立能代工業高等学校は、秋田県立能代西高等学校と統合され、「秋田県立能代科学技術高等学校」にその名を変えた。

〝冬の時代〟に突入し、それでも春が来ることを信じてチームをつくり上げてきた3人の監督――佐藤、栄田、小野は、母校の名前がなくなることにさびしさを抱きつつ、来たるべき春に期待を寄せる。

「今まで積み上げてきた『能代工と言えばトランジション』という部分を残しつつ、指導者の色に染めていってもらえればいいのかなと思います。そして今の子どもたちに常に目を向けてもらいたいです」

2020年のウインターカップ１回戦（対九州学院）でシュートを放つ④中山玄己　ⒸJBA

東洋大で指導する佐藤がそう言えば、中学生を指導する栄田は違う観点でこう話す。

「食事を含めた寮や下宿での生活など、細かい部分も勝負の中に入れることができれば、またよくなっていくんじゃないかな。ただ頑張ってほしいと言うだけじゃなくて、我々OB会を含めて、いろんな支援が必要かなと思いますね」

そして、こうつけ加える。

「私が能代工を去るときの目標の一つが、今度は私が育てた選手が能代工の門を叩くようになればいいなというものでした。2021年度には一人の生徒が能代科学技術に進む予定です」

能代で生まれ育った小野は、父の言葉として、能代工のバスケット部が街に元気を与え、そうあることでほかの産業が引っ張られると教えてくれた。それは校名が変更になっても、変わってほしくないところだと言う。

「現場は変わらないですよ。ユニフォームの校名が変わって『ん?』と思う人がいるかもしれないけど、バスケットのプレーぶりを見れば、『これは能代工業だ』と思うようにね。そういうところは今の1、2年生が4月から2、3年生になるわけですから、何も変わらない。変わるのは校名だけで、求められるのは内容だと思います」

２０１９年に公募された新しい学校名の中から、秋田県教育委員会は５つの案に絞った。能代科学技術、能代実業、能代白神実業、能代農工、能代未来技術。そこから能代科学技術に決まったわけだが、取材の過程で一人のＯＢがこう話してくれた。

「能代科学技術？　いいじゃないですか。科学技術をローマ字で書いて、頭文字を示したらどうなります？　ＫＧですよね。『ＫｏｕＧｙｏｕ』とも読めなくないですからね。もちろんさびしさはありますが、私は少なくとも、ほかの４つよりは工業に近い名前だと思っていますよ」

現在の高校バスケット界の勢力図を見ると、能代工が能代科学技術に変わったところで、そのパワーバランスがすぐに変化するとは思えない。それでも〝冬の時代〟の終わりを信じ、伝統をつなぎ、紡いだ年月がきっと新しい芽を吹かせることになるだろう。

バスケの街、能代に春が訪れる日を多くの人々が待ちわびている。

佐藤信長

(平成元年卒)

「今を大事にしてほしい」

さとう・のぶなが／1970年（昭和45年）生まれ、東京都出身。能代工から明大に進み、大学卒業後は、住友金属、アイシン精機、福岡レッドファルコンズ、パナソニックで活躍した。2008年に現役を引退。同年4月から15年3月まで能代工の監督を務めた。青森ワッツのヘッドコーチを経て、現在は東洋大男子バスケット部でヘッドコーチとして指導にあたる。

廣志先生ともやり合いました

加藤三彦さんの後を私が継ぐことになったわけですが、当初は断るつもりだったんです。しかし、状況は切羽詰まっていました。すでに能代に来ている子どもたちもいるわけで、彼らのことを思うと変な正義感じゃないけれども、引き受けざるを得ないなと。そういう状況で始まったんです。

もちろん、監督をやる以上は自分の色

を出していこうと思っていました。ただ私の場合、トップリーグからいきなり高校に来て、しかも指導歴がないわけです。何を教えなければいけないのかもわかりませんでした。また、私が思っていたバスケットの概念と、子どもたちがそれまで教えてもらっていたバスケットで違う部分がありました。

一方で周囲からの能代工はこうあるべきだという部分があまりにも多くて、私の考えに対する批判もありました。何しろ、ほとんどのOBが日本一を経験していて、しかもどのOBも自分たちの代がナンバーワンだと思っているわけですから。最終的に彼らから言われるのは「能代工は勝たなければいけないんだ」ということ。でも、勝つ以前にきちんとやっておかなければいけないことがあるでしょう？　それまで私自身がトップリーグで経験を積んできて、今の高校生に何が必要かというものが自分の中にあったんです。

指導について、加藤廣志先生ともやり合いました。廣志先生からすれば、私は異端児だったと思います。もちろん、私自身も廣志先生のもとで日本一を経験しました。能代工はこうあるべきだというOBの考えがわからないわけではありません。ただ、選手として大学では相当苦労しました。能代工はゾーンディフェンス主体で、マンツーマンをやったことがほとんどなかったんです。それでも大学に行けば、「能代工だから、できてあたり前だろう」という目で見られます。私は何くそと、それを力に変えられたのでよかったんですけど、そういう子どもばかりではありません。高校時代に基礎的な部分を身につけることは、選手のその後に大きく関わります。

子どもたちに育てられた

私が能代工の監督を引き継いだときの高校バスケット界は、留学生がいて当然の時代になっていました。バスケット自体が変わってきているわけですよ。みんなシュート力がありますし、ゾーンディフェンス一辺倒では勝負できないので、マンツーマンも教える必要があります。武器は一つでも多くあった方がいいんです。もちろん状況に応じてゾーンを使うこともありますが、留学生のいないチームはいろんなバリエーションを持っていないといけません。そんな時代に突入していました。その結果、というわけではありませんが、私が監督だった時期はインターハイとウインターカップでともに優勝から遠のいてしまいました。

ただ、やはり高校がすべてではありません。そこで優勝して、次のステージに進むのが理想かもしれませんが、そうした理想を体現できる人は多くないわけです。それよりも、たとえ高校で負けたとしても、長谷川暢、盛實海翔、金久保翔のように能代工出身者が今もBリーグで活躍してくれていることの方が私としてはうれしいかな。私が監督として携わった7年というのは、子どもたちに育てられた7年だったと思っています。当時も今も常にあるのはその子たちに対する思いだけです。

能代工は2021年から能代科学技術高校として再スタートするわけですが、誰が監督になろうとも、その人の色になるのは間違いありません。ただ、今までやってきたこと、能代工と言えばトランジションの速さとか、そういった部分は残しつつ、指導者の色に染めていってもらえばいいのではないかと思います。

でも、一番大事にしてもらいたいのは今です。今、学校にいる子どもたちを大事にしてほしいのです。今の時代、秋田の田舎にある公立高校に喜んで子どもを送る親がどれほどいるでしょうか。家庭環境だってさまざまです。母子家庭が多くなってきていて、それでも大学まで進学させようと思えば、相当なお金がかかります。親としてはそれだけの苦労をして子どもを高校に預けているわけです。また、子どもたちとしては、いろいろな選択肢がある中で能代科学技術を選んで来てくれるんです。来てあたり前の時代ではありません。来てくれてありがとうございます、なんです。そんな甘い考えだから勝てなかったと言われればそれまでだけど、ごく一般的な考え方や普通のやり方で勝てるのが一番いいんじゃないかな。母校のことはもちろん今でも気になりますし、校名が変わっても注目していきたいと思っています。

栄田直宏（平成元年卒）

「つながっているものがある」

さかえだ・なおひろ／1970年（昭和45年）生まれ、秋田県出身。能代工時代はマネージャーとして全国制覇に貢献。東京学芸大を卒業後、秋田銀行女子バスケット部のコーチなどを経て、2015年から18年まで能代工の監督を務めた。現在は秋田市立城南中学校の教員としてバスケット部を指導している。

次の日も練習しようぜ

２０１３年から５年間、能代工で勤めました。最初の２年は佐藤信長先生（以下、信長先生）のアシスタントコーチとして、残りの３年は監督としてです。

５年間を振り返ると、やはり一年たつごとに、「58回目の優勝から何年離れた」というマイナスの数字みたいなものが重くのしかかってきました。私が監督に就任した２０１５年のウインターカップで銅メダルを獲得できたのは、その前年に信長先生がベスト8まで勝ち上がる経験をして、能代工をメインコートに戻したからこそだと思います。信長先生の遺産というか、彼が育てた選手で翌年もなんとかメインコートに戻ることができました。大会の最終日まで残せて、能代工の名前をいくらか表に出せたのかなと思います。

それよりも当時の私が強く意識していたのは、次の新人戦は大丈夫なのかということでした。ですから、ウインターカップの3位決定戦が終わった翌朝、盛實（海翔）たち3年生はそれぞれの親元に帰らせましたけど、1、2年生は能代に戻ってそのまま練習しました。保護者や学校にもご理解をいただいて、大晦日も正月も練習しました。2月くらいに里帰りさせたのかな。それくらいの危機感があったんです。

結果的に新人戦で負けて、インターハイ予選の決勝戦でも負けてしまいましたが、そのときも「変わらず練習することが能代工なんじゃないか」と選手たちに訴えました。彼らは当然がっかりしているわけです。だって、（インターハイ予選での敗退は）40数年ぶりの出来事ですから。どうなっていくんだろうという不安はたくさんあったんですけど、負けても変わらずいつも活動する、それは意識的にやっていた気がします。

今の時代なので、1日か2日休んでからチームの体制を整えて出直そうという考えもあると思います。でも能代工はそうじゃなくて、脈々とつながっているものがあるんです。先輩たちがやってきたように「次の日も練習しようぜ」と選手たちを口説いて、彼らもそれがあたり前だと思って受け止めてくれたので、変わらず練習していましたね。

当時は加藤廣志先生がご存命で、公式戦だけではなく、練習試合も見にきてくれました。やはり心配の種だったんじゃないのかな。それこそ、私が大将の寿命を縮めさせてしまったのではないかと思うほどです。

大将は私にアドバイスをするというよりは、「あの選手はいいな」とか「この選手が伸びてきているな」とか、そんな感じだった気がします。もちろん苦言もありましたけど、大将はどんなときでも選手を見る目線を崩さなかったので、「こんなやり方をしろ」みたいなことは一切言いませんでした。

OBとしてサポートしたい

2021年春から校名が「能代科学技術高校」になるわけですが、私は地元の人間であり、能代工のOBであり、監督も先生もやったので、複雑な思いを持っています。ただ、県内の子どもの数を考えると、致し方ないことかなと。バスケットが弱くなったからこうなったんじゃないか、今も全国優勝まっしぐらだったら「能代工」のままだったんじゃないかと思う人がいるかもしれません。でも、それとは関係なく決まったことです。バスケット部の伝統があるということだけで決められるものではありませんでした。

　校名が変わっても能代工バスケット部の伝統は引き継がれると思いますが、一方で細かい課題があると思うんです。たとえば選手の生活の土台である下宿や寮に関して言うと、今どきの私立高校の寮は食事の管理までやってくれるマンションみたいなものでしょう。こじんまりとした能代工の寮や下宿とは異なります。でもそういう部分を「バスケの街・能代」として、また私を含めたＯＢ会でも支援できればと思っています。今の時代に対応するには、ただがむしゃらにバスケットを頑張るだけではなくて、普段の生活を含めたほかの部分も大切になります。現状がダメだから改善しなければならない、とまで言いたいわけではありません。ただ、そういったことまで考えた総合的な支援をして、現場がいい方向に向くようにやらなきゃいけないのかなと思います。

私が監督をしていた時代は、ＪＡとは別に一般の支援者の方からも米をいただきました。学校でその米を炊き、おにぎりをつくって、練習のあとに食べさせたりしていました。下宿生はおにぎりを持ってこられないですからね。そうした生活の細かい部分を勝負の中に組み込めれば、能代科学技術もまたよくなっていくんじゃないかな。

私は２０１８年から中学校の教員に戻っています。秋田市立城南中学校に赴任して3年目になりますが、私が能代工を去るときの目標の一つが、今度は私が育てた選手が能代工の門を叩くようになればいいなというものでした。私が城南中に赴任した年の3年生が一人、能代工に行っていますし、２０２０年度の3年生も現時点で一人、進学する予定です。ＯＢの一人として、これからはそういった部分のサポートもしていきたいですね。

工藤 粋《くどう・すい》

（令和3年卒、最後のマネージャー）

「自分に何ができるのか」

自分が一番声を出す

今も昔と変わらず、一番上に監督がいて、アシスタントコーチがいて、その下にマネージャーという体制です。僕はその中でキャプテンの中山玄己と一緒にチームをまとめたり、練習を進めるたりする役割を担っていました。

僕自身、もともとは選手として能代工に入りました。でも2年生になる前に、（小野）秀二さんから「自分たちの代で誰がマネージャーをやるか、話し合っておきなさい」と言われたんです。ちょうど僕が肩を脱臼しているときで、「自分に何ができるのか」を考えていました。僕たちの代は能力の高い選手が多かったんです。各ポジションにいい選手が揃っていたので、その中でチームをまとめていければいいかなという考えを持っていました。

そんなときに一つ上のマネージャー、榊原啓斗さんから「お前、マネージャーをやってみないか」という話をされたんです。そういうこともあって、同級生に「自分たちの代は俺がマネージャーをやる」と話しました。そうしたら、応援する、サポートするとみんなが言ってくれました。

もちろん葛藤はありました。選手として能代工に入ったので、試合に出たい気持ちはあったんです。でも、やると決めたからには腹をくくりました。能代工は伝統のある高校なので、マネージャーとしてその伝統を維持しつつ、さらによくなるように心がけました。

練習では自分が一番声を出して、チームがダメな方向に行きそうなら自分が正します。練習以外の仕事もあるので、その仕事で準備と予測をしっかりして、常に先を読んで行動することを大切にしていました。

中山玄己《なかやま・げんき》

（令和3年卒、最後のキャプテン）

「伝統を引き継いでいってほしい」

根本は変わっていない

入学する前から「能代工業」という名前が自分たちの代で終わるかもしれないという噂は聞いていました。でも確定していなかったので、特にそこに気を向けることはありませんでした。自分としては「日本一になりたい」という目標があって、それを目指す環境が整っているのが能代工だと思っていましたし、日本一になれると思って入学しました。

実際、年を重ねるごとに戦える力がついてきたと思いますし、（小野）秀二さんのもとで、ものすごくレベルの高いバスケットができていると感じていました。そのレベルの高いバスケットをこれからも続けることで、どんどん上に上がれる力をつけていくことができるのかなって感じています。

ただ、2020年は新型コロナウイルスの影響でインターハイや東北ブロック大会がなくなったりしたので、練習に対するモチベーションの維持がすごく難しかったです。自分たちは日本一になるという目標を掲げていましたが、それを実現するための大会がなくなったことで、目標にどう向かっていくかが難しかったです。練習をしていても、みんなモヤモヤするところがあったように思います。

でも、秀二さんから「全国大会のないこの期間こそ、君たちは試されているんだ。この期間に自分たちでいかに頑張るか、自分たちのバスケットをいかに突き詰めるかだ」と言われたんです。自分も秀二さんと同じ意見で、大会のない期間でも自分たちがレベルアップするために、常に上を目指してやっていこうと考えていました。

夏の時点ではまだウインターカップがなくなったわけではなかったので、ウインターカップがあると信じて、自分たちが頑張ってやっていけば、そこで結果が出ると思っていました。みんなでコミュニケーションを図ったり、声を出したりすれば、モチベーションを落とさずに練習できるのかなと思ったので、チームメイトにアドバイスをしたり、意識的にみんなでコミュニケーションを図ったりしていました。

能代工は伝統のある学校です。むしろ新しいところはないと自分は思っていて、昔からのプレースタイルである「走るバスケット」と「泥臭いプレー」がやはり特長なんです。ハーフコートでフレックスオフェンスをするなど、変わったところも確かにあると思います。自分が入学した頃からハーフコートバスケットのセットプレーが多くなって、そこは昔と変わったところかもしれないですが、プレースタイルの根本は変わっていません。激しいディフェンスからの速い攻め、走るバスケと泥臭いプレーは今も変わっていないと思います。

学校名が変わったからといって、能代工のプレースタイルや伝統は変わらないと思っています。後輩たちは（校名の変更も）意識するかもしれませんが、それでも走るバスケと泥臭いプレーといった伝統を引き継いでいってほしいと思います。

小野秀二監督と部員たちは最後のウインターカップでも諦めない姿勢を貫いた　©JBA

「能代工」として最後の代となった2020年度のチーム　©JBA

常勝王国
バスケの街のしろ

終章

能代を歩く

文・三上 太

秋田県の北西部に位置する能代市。中央を流れる一級河川の米代川を利用した木材産業で栄えたこの街は、かつて「木都《もくと》」と呼ばれ、また風が強いことから「風の街」としても知られていた。それが1960年代後半あたりから徐々に「バスケの街」としても知られるようになる。その要因はもちろん、能代工である。

全国制覇58回という金字塔を打ち立て、日本代表選手や、さまざまなカテゴリーの名コーチを多数輩出してきた。しかし単にチームが強く、優れた人材を輩出しているだけであれば、能代市が「バスケの街」と呼ばれることはなかっただろう。そこには能代工バスケット部を常に温かく包み込んでくれた市民がいたことを忘れてはいけない。ときには厳しい目を注ぎながら、歴代監督たちとともに同校を強くしていったのは、間違いなく、多くの能代市民だったのである——。

あたり前の日常

JR五能線の能代駅から歩いて5分のところに「柳町商店街」がある。能代市のメインストリートと言っていい。能代工は駅から向かえばその出口、イオンをさらに進んだ小高い丘の上にある。

その柳町商店街のほぼ中央に「能代バスケミュージアム」がある。２０１２年（平成24年）５月に開館し、かつては能代駅から商店街に向かう県道２０５号線沿いにあったが、２０２０年（令和2年）６月に現在の場所へ移転した。２代目館長は水木順仁さんである。

水木さんは能代商業高校（能代北と統合され、現在は能代松陽）のバスケット部出身で、当時の能代工には山田謙治や新井靖明らがいた。彼らが3年生のときの能代工は、国体こそ決勝戦で敗れているが、インターハイとウインターカップを制している。まばゆいばかりの光を放つ能代工を水木さんは当時も今も変わらず、「能代の誇りであり、象徴」だと言う。

「工業は地区大会の1回戦から全力なんですよ。（当時の監督である加藤）三彦さんからのプレッシャーがあったのかもしれませんが、全然手を抜かないんですよね。だから２００点ゲームなんてことも多々ありました」

能代工の躍進で知名度が上がり、バスケットが街の象徴となっている

能代駅から徒歩5分の位置にある能代バスケミュージアム

ミュージアムの館内には、ユニフォームなどの貴重なアイテムを展示している

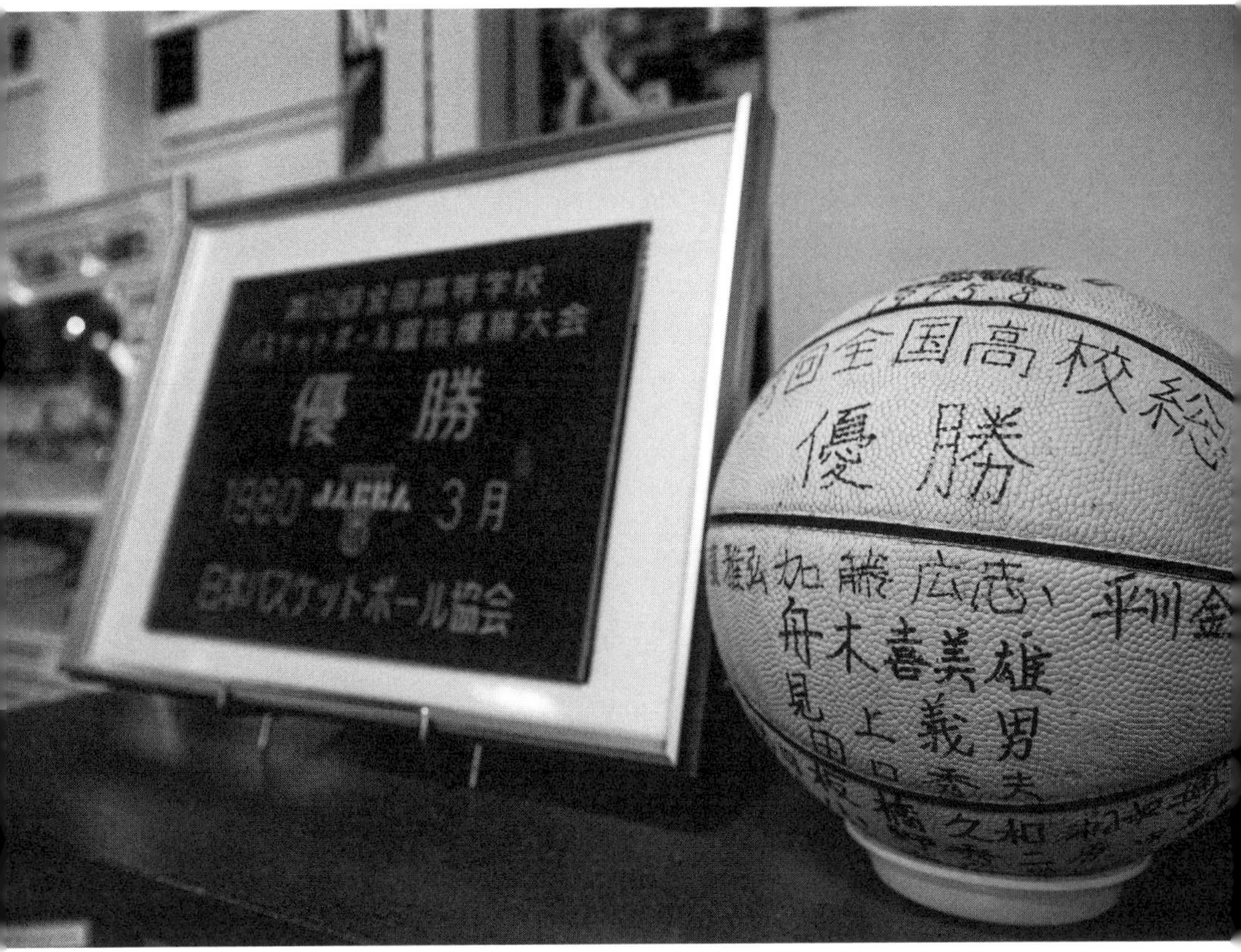

加藤廣志らの名前が記されたボールは、初の三冠を達成した1975年のもの

水木さん自身、中学生のときにクリニックの一環として、当時能代工3年だった田臥勇太たちと5分間のミニゲームをしている。そのときでさえ、能代工は手を抜かなかった。それが相手に対する敬意だったのではないか、と水木さんは言う。

6年前に能代市の職員として採用され、4年前から「企画部 市民活力推進課 バスケの街づくり推進担当」の主任となって、能代バスケミュージアムの館長を務めている。それまでもレフェリーとしてバスケに関わり、ゴールデンウイークに行われる能代カップや、能代工の練習試合で笛を吹いていた。そしてミュージアムの館長になってからは能代工の歴史により深く触れ、市民との関わりの強さを感じている。

2020年12月のウインターカップの際は、能代市が誇る旧料亭「金勇」――2008年(平成20年)に閉店し、翌2009年(平成21年)に能代市に寄贈された国登録有形文化財。現在は観光交流施設として使用されている――でパブリックビューイングを行った。検温、消毒、マスクの着用はもちろんのこと、入場者数を50%に制限するなど新型コロナウイルス対策を施しての開催である。結果として能代工は1回戦で姿を消すのだが、平日の15時40分ティップオフにもかかわらず、多くの市民が駆けつけ、大いに盛り上がったという。

「能代ではそれがあたり前の日常なんです」

あたり前はほかにもある。たとえば能代工の体育館は、練習時間になれば、誰でも自由に入れるようになっている。実際、今回の取材で練習を2度見学させてもらったが、2日とも市民がスッと入ってきて、2階の席で練習を眺めていた。むろんコロナ禍の今は、入り口で検温し、万が一のために連絡先等を記入する入館者カードを用意するなど、対策を講じている。しかし市民がそれを苦にする様子はなかった。見られる子どもたちもまた、いつも通り、見学者が入ってきたら、たとえ練習中であっても、大きな声で挨拶をする。

水木さんは言う。

「能代のお菓子をつくるセキトさん（和洋菓子店）や市役所の売店の方が差し入れするなど、応援する人たちは今でもいるんです。だから選手たちは、挨拶を含め、普段の生活まで常に全力なんです」

体育館の２階席からの光景。練習見学は常に開放されている

バスケットが持つ磁力

水木さんとともにインタビューを受けてくれた「秋田県能代市地域おこし協力隊」の千勝数馬さんは茨城県水戸市出身。高校時代に能代工と対戦したことがあるが、心が折れるほどボコボコにされたと笑う。前職は教員。しかし「能代でバスケットに関わる仕事がしたい」と、学校を退職して能代に移住してきた。

「能代市はマンホールにバスケットの柄が描かれるなど、街にバスケットがあふれているんです。市民の方はそれがあたり前のように生活されていますが、私にとっては新鮮で、ここにいるだけで満足というか、本当に毎日が充実しています」

能代とは異なる地で生まれ育った若者が、バスケットボールという競技を通じて、移住してくる。それほど強い磁力が能代工バスケット部にはある。

「街で会話をかわすと、『この年代の誰々がイオンで買い物していた』、『工業の子はみんな挨拶をちゃんとする』といったエピソードや、優勝パレードの話をしてくれるんで

バスケの街
NOSHIRO

商店街のシャッターやマンホールの蓋にバスケットのイラストが描かれている

籠球王国
バスケのまち
秋田県
能代市
能代工高
7
FINAL
MVP
能代工高
10
泥くささを
大切に
加藤廣志
平成元年

す。そういう話を聞いて、やっぱりすごいなと実感しています」

千勝さんと同じことを筆者も感じた。

2020年12月中旬、千勝さんが企画・実行した「新たなる高さへの挑戦 能代工業バスケ部展」を見て回った。その企画は能代バスケミュージアムを中心として、イオンや柳町商店街のいくつかの店舗で年代別に写真などを展示するものだったが、その一つ、あずま薬局に入ったときのことである。

展示の様子を撮影させてもらおうと挨拶を済ませると、店頭に立っていた薬剤師の男性が3人がけの椅子を指さし、「その真ん中に田臥（勇太）君が座っていたよ」と教えてくれた。

「田臥君だけじゃない。満原（優樹）君もそこに座っていたなぁ。なんでみんな真ん中に座るんだろうね？」

田臥の来店目的を聞くと、微笑ましいエピソードを教えてくれた。

「田臥君は若月（徹）君についてきただけなんだ。若月君は風邪とかじゃなくて、あの頃の学生にありがちな悩み、ニキビを治すための薬を買いに来ていたんだよ」

彼らもまたコートを離れれば、普通の高校生だったわけである。

「若月君は叱られ役だったんだよね。だから、いつもうつむいて店に入ってきていたよ。でもね、彼らが三冠を達成して、柳町商店街をパレードしたときに手を振ったら、そのとき初めてこっちを見て、笑顔でガッツポーズをしてくれたんだ」

彼らが3年連続三冠を達成したのは1998年（平成10年）である。今から20年以上の前の出来事を、その男性はきのうのことのように振り返った。

また、そのときちょうど薬局にいたスーツ姿の男性からは「あした、工業が（秋田ノーザン）ハピネッツの前座試合をするのを知っている？」と声をかけられた。

もちろん、知っていた。しかし、まさにその当日、ウインターカップに出場予定の学校から新型コロナウイルスの陽性者が出たことがニュースになり、翌日の前座試合が取りやめになっていた。そのことを伝えると、彼は大きく仰け反りながら残念がっていた。聞けば、その試合のチケットを買っていたらしい。

そのやりとりを能代工バスケット部の顧問の一人――2020年は、校名変更などさまざまな事情を抱えていたことから、小野秀二ヘッドコーチ以外に3人の教員が顧問を

能代工付近のガソリンスタンドには田臥勇太、若月徹、
菊地勇樹の３選手が描かれた看板が今も飾られている

務めていた――である荘司岳彦さんに告げると、「皆さん、能代工の最後の試合を生で見たかったんでしょうね。県大会などの試合は保護者しか入れませんでしたから」と気遣った。

それほど能代市民は、能代工への熱い思いを今なお抱いているのである。

ちなみに、東北ブロックの新人大会が新型コロナウイルスの影響で中止になったことで、結果的に「能代工バスケット部」としての最後の大会となった第62回秋田県高等学校男女新人バスケットボール選手権大会は、能代工が優勝を果たしている。5年連続59回目の優勝だった。

市として再出発をサポート

千勝さんの企画展にしても、彼なりのエールが込められていたことを感じる。なぜなら企画展名につけられた『高さへの挑戦』は能代工バスケット部の礎を築いた、故・加藤廣志の著書名だからである。

能代工に魅せられてきた2人の思いは、校名が変更になろうとも、変わらない。

「これで終わりじゃないということが一番だと思います。OBの方もよくおっしゃっていますが、能代工の歴史や積み上げてきたものは変わりません。校名が変わっても市民が一丸となって能代科学技術高校を応援するかどうかが、能代市としての頑張りどころです。ここでまた日本一になると街が盛り上がると思いますし、私たちもそれをサポートしていきたいと思っています」

千勝さんがそう言うと、水木さんは深く頷いた。

「50年前、能代工業や能代市が今のように有名だったかと言うと、そうじゃないわけです。バスケ界での歴史があって『能代だよね』と言われるようになったんです。千勝君が言うようにここで終わりではありません。50年後の科学技術高校が『バスケと言えば能代科学技術だよね。でも、その昔は能代工業だったよね』と言われるようなチームであってほしいですね」

校名変更は終わりではない。再出発である。

2016年（平成28年）にBリーグが誕生し、その下部組織としてU18（18歳以下、つまりは高校生を対象とした）チームが少しずつだが生まれてきている。経営の一環としてバスケットにより一層の力を注ぐ私立高校も増えてくるだろう。さまざまなスタイルのライバルが増える中で、一つの公立高校を市としてどうサポートしていくか。ライバルが多岐にわたれば、そのサポートも複雑になるかもしれない。それでも水木さんは能代市として能代科学技術高校をサポートしたいと考えている。

「今までは能代工業におんぶにだっこだった能代市なので、それに対して何か恩返しできるような仕組みというか、そういう街づくりをしたいと考えています。勝てないからと切り捨てるのではなく、勝てないからこそ我々がサポートしていくんだという街づくりができればなと思っています」

常によりよい方へ進む

能代バスケミュージアムから能代工に向かって歩き、左前方にイオンの入り口が見える角を右に折れると、少し進んだところに「酒どこ べらぼう」がある。この居酒屋のご主人、成田繁穂さんもまた能代工に魅せられた一人だ。

成田さんは数年前までひよこの鑑別師をしていた。オスかメスかを鑑別する仕事である。そちらが本職だったのだが、１９７０年前後の能代にはそれほど多くの需要がなく、週2日、大館へ鑑別に行くくらいだったという。つまりは週休5日。これはまずいと始めたのがスナックだった。今の店につながる第一歩である。

ちょうどその頃、能代市に「能代クラブ」というバスケットのクラブチームが立ち上げられた。すらりと背の高い成田さんだが、彼自身にバスケットの経験はない。それでも何気なしに能代クラブを応援すると、彼らもまた成田さんの店に集い始めた。お互いに交流を深めていく中で、成田さんは同じように彼らを応援している人物に出会う。当時の能代工バスケット部の監督、加藤廣志である。

成田さんが加藤に本職を伝えると、加藤は「変わったことをやっているな」と、目をかけてくれるようになった。成田さんがひよこの鑑別でヨーロッパに出稼ぎに行くときも、加藤が「よし、やれ！」と気合いを入れてくれたという。

成長して、主に鶏肉になるオスと鶏卵を生むメスとでは、飼料をはじめ、育て方が異なる。だからこそ日本では「初生雛鑑別師」と呼ばれる民間資格があるのだが、資格を持つ鑑別師であっても、ひよこの性差は判別が難しい。ヨーロッパに行くと、さらに厳しいふるいにかけられる。当時、成田さんは正答率98％を誇っていたが、仲間内では決してトップクラスではなかったという。いかに自分の技術を高め、それを維持しながら、さらに技術を高められるか。それができなければ、仕事をもらえない。

「考えの根底には『技術とは一体どういうことなんだ』というものがあって、能代でそうした一流の技術を見られるのは工業だったわけなんだよな」

高めた技術は毎日磨かなければすぐに衰えてくる。しかし前記のとおり、当時は週に2日の鑑別しかない。環境の難しさを気持ちで持ちこたえようと思えば、一流でありながらも、厳しい練習を課している場面に触れるのが一番だ。それが能代工バスケット部だったというわけである。

お互いの仕事を認めながら、親交を深めていった成田さんと加藤だったが、かといって決してベッタリの関係ではなかった。

一度、加藤が成田さんに「おい、この本を読んだか?」と言って、小野喬の本を持ってきたことがある。小野は「鬼に金棒、小野に鉄棒」と言われた体操競技の元オリンピック金メダリストで、能代市出身。しかも成田さんが通っていた能代高校の先輩にあたる。成田さんが読んでいないと告げると、加藤から「先輩の本を読んでねえってのは無礼じゃねえか」と一喝された。成田さんがその本を読んで返しに行くと、今度は「どこが面白かった?」。読んでいなかったら大変なことになるところだったと成田さんは振り返る。

その本にはこんなことが書いてあった。小野は1964年(昭和39年)の東京オリンピックで日本選手団の主将を務めたのだが、選手としてはすでにピークを過ぎていた。しかも肩を怪我していたため、思うような演技ができない。それでも鉄棒にぶら下がったら、体が勝手に動いた。そのくだりを思い出した成田さんは「小野さんは鉄人ですね」と告げる。すると加藤はニタッと笑い、「そうか、そこを読んだか」と言って、こう続けたそうだ。

「練習ってそういうことなんだよな。いちいち言わなくても体がそのように動くところまで持っていく。それが練習だと俺は思っている」

常に本気で練習に打ち込む真摯な
姿勢が、市民の心を動かしてきた

小野を輩出した能代高体操部はインターハイで7連覇を達成したことがある強豪校。郷土にはそういう人たちがいる。俺たちもやってやれないことはないだろう。同じ能代で輝かしい成績を残した能代高体操部の存在に刺激を受けた、加藤率いる能代工バスケット部も1979年（昭和54年）から1985年（昭和60年）までインターハイで7連覇を成し遂げた。

成田さんは、トップレベルを求める加藤のそうした姿に魅力を感じていた。スナックから居酒屋に転身し、「この店に来たら何か面白いことがあるんじゃないか。そういう雰囲気を演出したい」と考えるのも、同じような理由だ。高校バスケットと居酒屋。一見すると交わりそうにない2つの線が、「常によりよい方へ進む」という考えで重なっていったのである。

負けたときも応援できるか

こんな話もある。2005年（平成17年）、能代カップにドイツのチームが参戦した。

BG74ゲッティンゲンである。ひよこの鑑別でドイツに赴いたことがある成田さんは、能代市バスケットボール協会の先輩からドイツチームの応援団長を任命された。試合前夜、店に来た他チームの父兄に「あした、試合が重なっていなかったら、ドイツチームの応援に回ってくれ」と〝団員〟募集をかけ、大会を盛り上げた。

後日、BG74ゲッティンゲンを率いていたジョン・パトリック――トヨタ自動車アルバルク（現・アルバルク東京）でもヘッドコーチを務めたアメリカ人――がお礼を言いに来た。そこで「能代に来られたことが一番の思い出だ」と言われた。ドイツでは高校年代で2千から3千人の観客が集まるような大会に参加したことはない。しかも試合が終われば、握手や写真を求められる。それほど能代のバスケット熱が高かったというのである。

能代工バスケット部が積み上げてきた歴史が能代カップを誕生させ、そこに国内外のチームが参戦することで、さまざまな出会いが生まれ、交流が深まっていく。それはまた、能代市民のバスケットを見る目を少しずつだが養っていく要素にもなる。成田さんもその一人だった。

「俺は仕事があるから全試合を見ることはないんだけど、この選手は面白いんじゃないかと、だんだんわかるようになってくるんだ。延岡学園にベンドラメ礼生っていたじゃない。あの子のフットワークはサッカーをやっていたんじゃないかって思えたり、仙台の志村（雄彦）ちゃんはタブちゃん（田臥）が3年のときの1年だよな。ガード同士でマッチアップして、志村ちゃんがボールをスティールしたことがあったんだけど、そのときは会場が絶好調に盛り上がったもん。あれは面白かったよ」

前記の薬剤師と同様、成田さんも20年以上前の出来事を、ついきのうのように思い出せる。能代市が「バスケの街」であることをあらためて実感させられた。

能代工の名前がなくなることについて、成田さんは持論を展開する。

「これまでもトップレベルを目指してきて、その延長だよな。学校の名前が変わっただけで引っ繰り返るなよと。でも、変わってしまったらいつまでも『能代工業』を背負って歩くなと言いたいね。俺たちは科学技術で新しい歴史をつくるんだというくらいの意気込みでやらないと。今、騒いでいるのは大人でしょ。バスケをやるのは子どもなんだから。子どもにまで『能代工業』を背負わせると、見ている方は面白くない。変わったら変わったで、『やりまっせ。見てろよ、おめえら』と。『これが工業だ』というものをベースに置いて、西も東も一緒になってやっていけば面白くなる。それがたくましさなんじゃないの」

加藤と一定の距離感を保ちながら、心の底で深く結びついていた成田さんだからこその言葉である。あの頃は――、俺たちの時代は――、能代工だったら――。そんな言葉に惑わされず、そんな言葉を発する大人をむしろ踏み台にして、能代科学技術として、自分たちの歴史を築き、そのバスケットを貫いてほしい。

そのためには校名が変わった最初の試合が大事だと成田さんは言う。そこでどんな姿を見せるのか。勝ち負け以上に、能代科学技術としての戦いぶりが、その後の彼らへの声援につながっていく。

「負けたときも応援できるかってことなんだよな。優勝できなくて騒ぐ人は大体決まっているから。そういうものに流されないで、負けようが勝とうが、常に勝つ方に向かっていけばいいじゃない。そういう目を、自分でも持ちたいのよ。自分の目は頑張っている人を見分けられるかなって。昔と同じように見ていたって、俺としても成長がないわけでしょ」

ひよこの鑑別師からは引退したが、そこで磨かれた成田さんの目は、これからも温かく、厳しく、能代科学技術バスケット部に注がれていく。

敗退記事も新聞の一面に

能代駅から柳町商店街を歩いて、イオンを越えると、国道101号線が走っている。それを渡って、能代工の方に真っすぐ歩くと、左手に北羽新報社のビルがある。能代市をはじめとする秋田県北部をカバーする日刊紙、北羽新報を発刊している新聞社だ。

大柄沙織さんは2008年から5年間、その北羽新報で能代工バスケット部の担当記者を務めた。監督がちょうど加藤三彦から佐藤信長に代わり、能代工バスケット部が苦しい時期に入っていくタイミングである。

大柄さんは、二ツ井町（現・能代市二ツ井町）の出身。秋田県の北部には能代市で日本海に注ぐ米代川が流れているが、当時、能代市から少し上流に遡ったところにあったのが二ツ井町だ。小学校でも中学校でもバスケット部に所属した彼女にとって、能代工バスケット部は憧れの的だった。能代市民のみならず、その周辺に住む者にとっても「誇りだった」と話す。大学を卒業して、北羽新報の記者になったときは、入社3日目で「仕事に行きたくない」と母親を困らせたが、一方で「工業を取材してみたい」との思いだけは強く持っていた。

今さらだが、能代の人々は能代工のことを単に「工業」と呼ぶ。大都市のようにいくつも高校があるわけではない。ましてや工業高校となれば、たいていは街に一つしかないものだ。能代で「工業」と言えば、能代工のことなのである。

その「工業」の担当になった大柄さんには、憧れの能代工バスケット部に、それまでよりも一歩深く踏み込んでいける喜びと、自分のような入社して数年しかたっていない若手が、あの能代工を担当して大丈夫なのかというプレッシャーが入り交じっていた。近くて遠い存在。監督も選手もすぐ目の前にいるのに、どこか遠く感じられる。むろん記者としては近づき過ぎると近視眼的になって、読者に伝わりづらくなる。一方でその距離が遠すぎると、相手の真意が聞こえてこない。大柄さんは日々、彼らとの適切な距離感を模索しながら、読者に伝わる記事を書こうと奮闘していた。

折しも、能代工が全国大会で優勝できなくなっていた時期。それまでは勝ってあたり前と思われて、実際に勝ってもいた。三浦祐司、長谷川誠、田臥らスター選手がずらりといた。取材する側としては、彼らへの敬意さえ欠かなければ、記事は比較的たやすく書けた。しかも先輩の担当記者たちが残した、どのような流れで優勝したかを描く〝フォーマット〟も数多くある。執筆に詰まったら、それらを参考にすることもできる。

しかし、負けた場合の記事は違う。少ない。大柄さんが担当した5年間で言えば、2010年(平成22年)のウインターカップの初戦敗退や、2012年のインターハイとウインターカップの2回戦敗退のような、大会序盤での敗北記事は圧倒的に少ないのである。大柄さんが担当する以前の10年を遡ってみても、国体を除く、いわゆる「能代工業」として出場した大会を見ると、2000年(平成12年)のウインターカップでの初戦敗退が唯一あるだけ。さらに遡り、元号が「平成」になってからを見ても、1992年(平成4年)に宮崎で行われたインターハイの初戦敗退が加わるだけである。

繰り返すが、北羽新報は秋田県北部という、決して広くない地域をカバーする日刊紙である。能代工バスケット部はトップクラスのニュースソースだ。勝てばもちろんのこと、初戦で負けても一面で扱われることになる。書かないわけにはいかない。

大柄さんは苦しんだ。ただ単に「監督が代わったから弱くなった。勝てなくなった」とだけは書きたくない。上司に相談すると、「だったら、今、チームがどういう段階で、信長さんがどういうチームづくりを考えているのかをちゃんと書いてやれ」とアドバイスしてくれた。

以来、全国大会が近づくと、ほかの取材はそっちのけで能代工の体育館に入り浸った。子どもたちに「あの人はストーカーなのか？」と不審がられるほど毎日のように通い、伝統の「ボディコン」でぶっ倒れる選手を目にしても、上司から「戻ってこい」と言われるまで動かなかった。

指導者になって間もない佐藤が、表面上は「適当にやっているよ」と笑いながら、その裏で必死になって模索している。子どもたちが勝てないことにもがき、それでも勝利を目指している。そうした彼らの姿勢を丁寧にすくい取りたいと思ったからである。話を聞くだけが取材ではない。その場にいて、彼らの一挙手一投足を見つめることもまた取材である。子どもたちに「あなたたちのことをいつも見ているよ」と暗に伝え、読者に「工業の子たちはこんなにも頑張っているんだ」と心から伝えるための行動だった。

そうして少しずつ大柄さんならではの距離感を見出し、信頼関係を築いていく。すると、それまで見えなかったことが見えてくる。

あるとき、佐藤が発する言葉の真意を子どもたちが理解できていないことがあった。両者の苦しみと、それでも歩み寄ろうとする姿を見て、大柄さんは能代工の真の強さに触れたという。

「歯車がかみ合わない中でも一つのところに向かっていこうという思いが、彼らの言葉の節々に見えたとき、もどかしさとともに、このチームは大丈夫、勝てる可能性はあるなと感じるところがありました」

地域に希望の光を灯す

能代工バスケット部の担当を外れた大柄さんはその後、県政や農業など幅広く取材を続けた。そして、2020年4月に北羽新報社を退社している。

中学時代、能代工には2学年上の——と書くと彼女の年齢がわかってしまいそうだが——田臥がいた。ゴールデンウイークには能代カップを見に行き、周りの女子中高生らと黄色い声を上げていた。

距離にしてわずか20キロ強の能代市と二ツ井町。大人になると「わずか」と思う距離でも、中学生には決して近くない。SNSがない時代だったが、「ジャスコ（現イオン）に行けば、田臥に会える」とか「田臥がプリクラを撮っていた」という情報は瞬時に入ってくる。田臥と菊地勇樹のプリクラがなぜか流出し、それを「持っている」という同級生まで出てくる始末。それを見て、大柄さんたちはまたキャーキャーと声を上げる。能代工バスケット部は、本人たちだけでなく、周囲の中高生にとってもまた、青春だったわけだ。

能代工バスケット部に熱を上げていた少女は今、能代工が統合され、その名がなくなることに一抹のさびしさを感じている。その一方で、担当記者を務めたことで、能代工バスケット部の全国での立ち位置をわかっている。昔とは違う。能代市のみならず、全国的に少子化が進む中、学校の統合などは時代の変化につきものだということも理解している。だから大事なのは名前ではなく、中身だと大柄さんは言う。

「これまで築き上げてきた工業のスタイル、球際の強さや泥臭く観客を魅了するようなプレーは引き継いでもらいながらも、さらに新しい自分たちのスタイル、自分たちの強さを追求して、地域の希望、光に……。やっぱり今の能代は停滞しているんですよ。閉塞感が漂っています。だからこそ、能代科学技術にはこの地域の光のような存在であってほしいなと思いますね」

北羽新報に入社した当初は、能代工バスケット部の話で盛り上がっているのは一部のファンと社内だけだと思っていた。しかし実際に記事にしてみると、「能代市民はこんなにも工業を見ていて、記事も読まれているんだ」と驚いた。自分が思っていた以上に、市民は能代工に強い関心を抱いている。

校名が変わっても、それは変わらないだろう。能代市民は常に光を求めている。能代工バスケット部が、どんなときでも放ち続けてきた光を。大柄さんもその一人である。無邪気な黄色い声は出せないかもしれないが、もがき苦しんだ内部に触れた元担当記者

1970年にインターハイで初優勝を飾った当時の新聞紙面

だからこそ、彼らの放つ光を心待ちにしている。

歴史を伝える語り部

北羽新報社を左に見て、「盤若の丘」と呼ばれる小高い丘を登るとすぐに能代市立渟城西小学校の正門にぶつかる。その右奥に能代工が見える。学校の周りにはいくつもの家屋が並び、その中に小林尚子さんの自宅がある。

小林さんは能代工バスケット部の歴史を今に伝える、いわゆる〝語り部〟である。たとえば太平洋戦争時の沖縄の様子を伝える語り部がいるように、能代市にも能代工バスケット部の〝語り部〟がいるわけだ。

彼女は能代工バスケット部のOB（OG）ではない。水木館長、千勝さん、元北羽新報記者の大柄さんのようにバスケットをプレーしたこともない。むしろ幼い頃からスポーツとは無縁の生活をしてきた女性である。何しろ、前人未踏の高校9冠を達成した田臥が歩いていても「ポスターに載っている子だな」くらいにしか思わなかったほどだ。

ご主人が能代工の教師をしているにもかかわらず、である。

そんな小林さんだからこそ、2013年（平成25年）4月に能代バスケミュージアムの館員となり、能代工バスケット部を語る上で考えた。バスケットを知らない自分が戦術やテクニックを説いても、来館者の興味は得られないだろう。ならば、能代工バスケット部に関する数々の記事や書籍、加藤廣志が綴った手帳や手紙などを徹底的に読み込み、また能代工バスケット部を古くから知る市民のエピソードに耳を傾け、自分の中に取り込んでいこう。そうして来館者が「能代に来てよかった。能代工バスケット部に触れて、あしたからまた頑張れる」と思えるようないくつもの題目をつくろうと考えたのである。

一つのエピソードがある。

加藤の死後、遺品を整理していた能代工OBが、同じくOBで能代バスケミュージアムの初代館長を務めた小野弘樹さんに、貴重な資料になるからと遺品の管理を求めてきた。市としてそれを受け取ることになったのだが、当時の小野さんはミュージアムの担当から離れ、館長が現在の水木さんに代わったところだった。水木さんはどうしていいかわからない。担当者として白羽の矢が立ったのが小林さんだった。

小林さんは加藤邸に出向き、書斎周りを整理した。すると、引き出しの中から愛用のペンケース、アドルフ・ラップ（ＮＣＡＡ・ケンタッキー大を率いた監督）の指導書、手帳などを見つけたので、先に持ち出すことにした。それを見た加藤の妻・テイは「あなた、おとうさん（加藤）の本を読んでいるのね。それらはおとうさんが生涯大事にしていたものだけど、いろんな人が触るとどうなるかわからない。いらないものとして捨てられるかもしれない。あなたに任せるから、あなたがやって（管理して）ちょうだい」と言った。

テイは悔しい思いを抱いていたに違いない。できれば、自分が夫の遺品を管理しておきたい。しかし、その膨大な量と自分の年齢を考えると難しい。甥っ子たちに背負わせるのは気が引ける。だからといって、捨てていいわけでもない。

小林さんはそんなテイの気持ちをくみ、加藤の生涯を伝える上で絶対に無駄にしてはいけないと、それらの遺品を今もミュージアムで大切に預かっている。

加藤廣志が生前、何度も読み返したというアドルフ・ラップの指導書

「応援しないではいられないでしょ」

「バスケの街」に住んでいながら、バスケットのみならず、スポーツとは縁遠い生活をしていた小林さんだが、能代工とのつながりはあった。姉が能代工の生徒だったのだ。当時は全校生徒の中に女子が３人しかいない時代。建築士を目指していた姉はその中の一人だった。

また従兄の大森弘さんは１９７０年（昭和45年）３月の卒業で、能代工が和歌山インターハイで初優勝を果たす前年まで同バスケット部に在籍していた。その大森さんの父、小林さんにとっての伯父が亡くなったときのことだ。練習を終えた加藤が、数人の子どもたちを連れて通夜にやって来た。すると、それまで気丈に振る舞い、父の臨終の席でも涙を見せなかった大森さんが加藤にすがって大号泣したというのである。

当時の能代工は休むことなく3時間、密度の濃い練習をしていた。列車で自宅に帰る生徒たちは最終列車に間に合うギリギリの時間まで練習し、能代駅まで走って、列車に飛び乗る。加藤は最後の生徒が帰ると、体育館の戸締まりをして、能代駅に回って帰ることが日課だった。最終列車に乗り遅れた生徒はいないか、それを確認してから、自宅に帰っていたのである。携帯電話はもとより、自宅の電話もあたり前ではなかった時代。毎夜、最終列車が出た後のホームを見に来る若い教師の姿は、誰からともなく能代市民に伝わっていった。

小林さんは、伯父の葬儀の後で母が語った話を記憶にとどめている。

「弘のところのバスケット部は厳しくて、正月3日くらいしか休みがないんだよ。でも生徒はみんな、加藤先生という人を信頼して頑張っているんだって。その先生は本当に怖いけど、最終列車が出た後に生徒が乗り遅れていないかを見に来てくれるような人だから、弘も先生の前では気持ちがあふれてしまったんだろうね」

バスケットボールという競技に精通していなくても、どこかで能代工バスケット部に通じる。街のそこかしこに、知られざるエピソードが転がっているからだ。それが能代市という街である。どちらのチームのものでもない、コートに転がっているルーズボールをいち早く自分たちのものにするのが能代工バスケット部の原点であるのなら、その

〝語り部〟である小林さんもまた、無数のエピソードを丁寧にすくい取っていく。

こんな話がある。

すでに亡くなってしまったので詳しい話を聞くことはできないのだが、能代カップを第1回（1988年）からずっと見ていたおばあさんの話。

飾り気がなく、髪を引っ詰めただけの穏やかな、小さなおばあさんだった。特別バスケットが好きというわけではない。それでも能代カップが行われる能代市総合体育館に毎年通っていた。おにぎり持参で、初日の開会式から最終日の最終試合まで、である。

「バスケット部の子がかわいくて、頑張ってるのを見るのが楽しくて、毎年楽しみにして見に行ったの」

そう語るおばあさんに、小林さんが「ご親戚でもいらっしゃったのがきっかけですか？」と尋ねたそうだ。すると、おばあさんはこう答えた。

「なんも。私ね、昔、帽子屋をやっていて、遠くから来たバスケット部の子が親に連れられて帽子を買いに来てね。親も知らない土地に置いていく子どもが心配で、私が『何か困ったことがあったら帽子屋のおばさんのところに来なさいよ』と言うと、『はい！』

って答えるわけ。親も『よろしくお願いします』なんてね」

おばあさんはフッと息を吐いて、こう続けた。

「でも、誰も頼ってはこなかったよ。加藤（廣志）先生がちゃんと面倒見てたからね。でもね、家の前を通るときに顔を合わせると、『おばさん、こんにちは！』って挨拶してくれてね。日本一になるような子がね、こんな婆でも必ず挨拶してくれるんだもの。応援しないではいられないでしょ。ねぇ」

小林さんはこの「応援しないではいられないでしょ。ねぇ」が今も忘れられないという。シンプルだが、これほどまでに温かい言葉があるだろうか。そんな言葉が能代工バスケット部の子どもたちを支えてきたんだなと、小林さんは思っている。

市民とともに紡がれた物語

もちろん、全国に何万とある高校バスケット部と、OB、OGを含めた部員たちに、その数と同じだけのドラマがあるだろう。しかし能代工バスケット部のそれとは少し異

最後のウインターカップに向けた市民による寄せ書き

なるかもしれない。一つの公立高校が市民とともに物語を紡いでいったのは、能代工バスケット部にしか起こり得ないドラマだった。

ある年、能代カップの観戦から戻ってくる年配の女性に「試合を見てきたんですか？」と聞くと、その女性はため息交じりに「勝ったは勝ったけど、気持ちが弱くてダメだな。ディフェンスがダメだものな」と返してきた。

能代には「監督がいっぱいいるんです」と小林さんは笑う。

「能代工業が全国トップクラスのチームではなくなったとしても、50年間、高校バスケを見続けているジジババがいる街なんてほかにないから。能代は間違いなく『バスケの街』なんです。この歴史は消えないもの。生徒たちはアイドル。自慢の親戚の子みたいな感じ。私なんかはもう、『うちの子』なんて言っちゃってるし」

小林さんのみならず、能代市民にとっての能代工バスケット部の子どもたちは「うちの子」であり、「うちのおにいちゃん」なのである。

能代駅から能代工へ――。その道すがら拾い集めた5人の市民の声には「能代工バスケット部」への愛があふれていた。やはり能代工バスケット部は、加藤廣志ら歴代監督だけでなく、市民の手によっても育てられてきたのである。

ただし、語り部の小林さんや「酒どこ べらぼう」の成田さんのように、加藤がゼロから築き上げた能代工を直接見聞きした人たちは、一つずつ年齢を重ねている。加藤の教えを受けてきたOBもそうだし、彼らの話を聞いてきた水木さん、千勝さん、大柄さんらもそうだ。いつか、誰も〝能代工〟について話すことがなくなるときが、やってくるかもしれない。

能代工バスケット部の歴史について、市民を絡めて紐解いたとき、それはとてもさびしいことだと思う。しかし一方で、それでいいとも思う。成田さんの言葉ではないが、歴史や伝統に縛られることなく、未来に向かう今をそのときどきの監督と子どもたち、そして市民が共有していけばいい。それが能代市の発展にもつながる。

言葉で縛らなくとも、「能代工バスケット部の魂」は常に、厳然としてある。

2021年4月から能代科学技術高校となったその体育館に、能代市総合体育館に、そして東京体育館をはじめとする全国各地の体育館にも、しっかりと宿っているのである。

秋田県立能代工業高等学校バスケットボール部は、その名がなくなろうとも、これからも米代川のように、能代市の象徴として脈々と流れていく。

molten
能代工高

五能線
1
のしろ
Noshiro
NOSHIRO
CITY

歓
迎
ようこそ バスケの街 能代へ
企画　能代市・JR
能代工業バスケ部全国大会優勝回数
ただいま
58
回です
バスケの街のしろへようこそ！
バスケットゴールに
フリースローは

おわりに

「大将が来たぞ――――！」

一人の能代工バスケット部員が猛ダッシュで走ってきた。その場の空気が変わる。そのピーンと張り詰めた空気に、大将のオーラを感じた。

大将とは、2018年3月4日に肺腺がんのため能代市内の病院で逝去された故・加藤廣志氏の呼び名である。もちろん、本人が歩いてきたわけではない。まもなく火葬場に向かう棺と、妻・テイさん、親族を乗せた車が、母校に最後の別れを告げにやってきたのである。校門付近には学校関係者や近隣の方々が集まり、体育館の前では「必勝不敗　能代工高」と書かれた垂れ幕を手にした部員が待ち受ける。

寒風が吹きすさぶ中、彼らが着ていたのは大将がチームを率いていた頃のユニフォームである。能代工の体育館には歴代のユニフォームが大切に保管されており、その中から特別に袖を通すことが許されたユニフォームを彼らはまとっていた。

大将を乗せた車が体育館の前で静かに止まる。すると、

「盤若の丘に〜」

マネージャーのリードで、現役部員たちによる部歌斉唱が始まった。

「盤若の丘に　そびえ立つ　2面コートの体育館
その名も高き能工の　朝な夕なの練習に
あーあー　全国制覇を目指しての　汗をかわかすいとまなし」

全国優勝の祝賀会などで何度この部歌を聞いただろうか。一番の歌詞はライターの私でさえ、そらで歌える。

彼らは一番、三番、五番を歌い上げた。

永遠の別れを遠巻きに見守っていた人たちは、目頭をそっと押さえた。

本書の執筆にあたり、さまざまな人に話を聞き、調べ、検証すればするほど加藤廣志先生の偉大さ、繊細さ、愛情の深さを思い知る。それに反して、当時の自分の取材力の非力さ、甘さにあらためてため息が出る。

能代カップには第2回から行き、当時仕事をしていたバスケットボール専門誌の高校担当から外れてもなお、毎年自費で取材に訪れていた。しかし、若い世代の編集者にも経験を積ませなければならない。卒業だな。そう思って一度だけ行かなかった年があった。その年、私の担当するWリーグのチームがプレーオフ準決勝に進出。舞台は秋田市である。取材に訪れた私は大将に遭遇し、いきなりカミナリを落とされた。

「今年、あなたは能代カップに来なかったね。ダメだよ、あなたが来ないと始まらないんだ」

リップサービスであることはわかっていたが、翌年から再びゴールデンウイークは北に向かった。能代市総合体育館の役員席に座していた大将に挨拶をすると、ニコニコとされていた。以来、皆勤賞である。

2018年のあの日、訃報を受け、矢も楯もたまらず、私はまっすぐ葬儀場に向かった。まだOBの姿はなく、親戚の方たちだけ。その中にかつて取材させていただいた方がいて、中に入るよう招かれ、棺に納まった先生の姿にお会いすることができた。その作法にも地域色があるのだなと初めて知った。

奥様のテイさんと話をしているうちに、棺を乗せた車が能代工の校庭を一周すると教えていただいた。別の車で先に向かうと、地元新聞の記者もさすがにそれを聞きつけて能代工に来ていた。待つこと数分。大将がやってきた。それが冒頭のシーンである。

あれからずっと、なぜ私が怒られたのか、理由を考えていた。今回、このエピソードを書くこと、この本を世に出すこと、そして、これからも能代工を――2021年4月からの能代科学技術高校を、さらに大きく言えば、高校バスケットボール界を追いかけて、取材を続けなさいという啓示だったのか。もしかしたら、そうなのかもしれない、と思う。

13

能代工バスケットボール部
88年の歩み
1933～2021年

年表 1933~1962年

年度	主な部員（3年生、マネージャー含む）	出来事
1933（昭和8）	大槻清、田島康隆	●バスケットボール部が正式に発足
1934（昭和9）	斎藤俊雄、高田吉之助	
1935（昭和10）	阿部蔵治、菊地四郎	●全県中学選手権で3位
1936（昭和11）	菊地弥寿次郎、今野悌助	
1937（昭和12）	斉藤貞孝、斉藤肇	●新潟・山形・秋田3県大会で優勝
1938（昭和13）	瀬川清、松田玄	
1939（昭和14）	石川庄十郎、山崎寛	
1940（昭和15）	森田新之丞、大山堅一	
1941（昭和16）	山崎定雄、堀内常雄	
1942（昭和17）	米川角太郎、中田栄喜	●全県中学選手権で初優勝 ●全国大会（甲子園）に初出場
1943（昭和18）	北林勇一郎、田村富太郎	
1944（昭和19）	諸沢実、越中英二	
1945（昭和20）	佐藤健、石井俊雄	
1946（昭和21）	佐賀井英三、笠島一	
1947（昭和22）		
1948（昭和23）	本庄増巳、加賀健悦	
1949（昭和24）	武藤正、日沼恒夫	
1950（昭和25）	東海林隆造、笠井晴一	
1951（昭和26）	柳館栄、平川忠雄	
1952（昭和27）	三戸栄道、相澤誠悦	
1953（昭和28）	加藤義信、吉岡修司	●全県高校選手権で初優勝 ●インターハイに初出場
1954（昭和29）	川村克美、畠山繁太	
1955（昭和30）	加藤廣志、小玉鉱蔵	
1956（昭和31）	松尾幸彦、田村高重	●県体育大会で初優勝
1957（昭和32）	鈴木幸良、成田由男	
1958（昭和33）	菊地弘美、田崎金成	
1959（昭和34）	松村祐一、畠山徳男	
1960（昭和35）	田中武郎、藤本勝久	●加藤廣志が監督就任
1961（昭和36）	大高顕夫、相沢信夫	
1962（昭和37）	若狭鉄徳、畠山満	●全県新人大会で初優勝

能代工
バスケット部
外伝その1

大将を支えた妻・テイ

能代工バスケット部の礎を築いた"大将"こと、加藤廣志を語る上で妻のテイは欠かせない。

OBの小野弘樹さん（2001年卒）が能代バスケミュージアムの初代館長をやっていた頃、加藤がテイと一緒にミュージアムに来た。小野さんが写真を撮ろうとすると、テイは館内の端っこに退いていく。小野さんが「奥様もご一緒に」と言うと、加藤も「テイ子（加藤はテイのことを愛情を込めて『テイ子』と呼ぶことがあった）、一緒に写真を撮ってもらおう」と言って、肩を抱くようにして並んだそうだ。

加藤は能代工の生徒だった頃からテイのことが気になっていたようだ。女子校である能代北（能代商と統合され、現在は能代松陽）でバスケットをしていたテイの身長は166センチ。当時の女性としては背が高く、女優やモデルを思わせる美人だった。加藤は試合会場でテイを見初めて以来、下宿で友人に恋の悩みを打ち明けていたという。

日体大を卒業し、能代工に教員として戻ってきた加藤は偶然、街でテイと再会する。テイが「久しぶりだね。どうしているの?」と聞くと「実は工業の教員になってバスケット部を教えているんだ。今度試合があるから見に来てよ」。そんな会話の翌年、2人は結婚した。

テイは能代市にある大きな材木商の令嬢だった。能代市は商人の街でもあったことから、女性には良妻賢母であることよりも、人を使える力が求められた。才気煥発な女性に育ったテイをどの家が迎え入れるのか。当時の能代市ではそんな話題が出るほどだった。「あの材木商のお嬢さんを嫁にもらえる男は能代にはいないんじゃないか」と言われるくらいの女性だった。

そんなテイが一畳一間を間借りするような教員のところに嫁へ行くと言い始めたとき、兄たちは揃って反対したという。現在のように公務員が女性にとってよい嫁ぎ先と言われる時代ではない。ましてや飛ぶ鳥を落とす勢いの材木商の令嬢である。

後年、小林さんがテイ本人にそれを聞くと「24歳にもなっていたし、行き遅れておとうさん（加藤）に拾ってもらったの」と言ったそうだ。行き遅れるような"玉"ではなかったのだが……。テイもまた加藤の中に何かを見出したのだろう。

1961年、加藤廣志とテイが結婚。加藤が能代工の教員になって2年目のことだった

年表 1963~1977年

年度	主な部員（3年生、マネージャー含む）	全国大会成績 インターハイ	国体	選抜／ウインターカップ	出来事
1963（昭和38）	佐藤重美、安達一彦	3回戦			●10年ぶりにインターハイ出場
1964（昭和39）	袴田重夫、伊藤光二郎、成田勝	3回戦			●全日本秋田県予選で初優勝
1965（昭和40）	山本健蔵、田中和夫、佐々木則夫	ベスト8			●NHK杯東北選手権大会で初優勝
1966（昭和41）	若狭敏直、佐藤利道	2回戦			
1967（昭和42）	山本富美男、吉田幸二、成田実	3回戦	優勝		●埼玉国体で初優勝
1968（昭和43）	岩谷照雄、斎藤均、乃位典司		2回戦		
1969（昭和44）	伊藤徳夫、野田常夫、川本昌次郎	ベスト8	準優勝		●全日本東北予選で初優勝
1970（昭和45）	山本浩二、三沢辰夫、若松初彦、佐々木勇考、小玉一人	優勝	優勝		●インターハイで初優勝 ●全県総合選手権初優勝 ●第1回アジアユース選手権に参加して準優勝
1971（昭和46）	米屋聡、鎌田敦	3回戦	ベスト4	3位	●第1回選抜に出場
1972（昭和47）	和田有二、七尾明英、長岐六郎	3位	準優勝	準優勝	
1973（昭和48）	伊藤清道、佐藤孝司	ベスト8	2回戦	2回戦	●沖縄特別国体で優勝
1974（昭和49）	吉田正次、松田憲治、伊藤与四勝、桜庭三雄	3位	準優勝	優勝	●選抜で初優勝
1975（昭和50）	小野秀二、舟木喜美雄、見上義男、斉藤雅弘、田口秀夫	優勝	優勝	優勝	●史上初の三冠達成
1976（昭和51）	内海知秀、長崎高夫、三浦誠、館岡和人	優勝	優勝	優勝	●2年連続で三冠達成
1977（昭和52）	鈴木貴美一、野村重公、児玉茂、福山正人、松橋美昌	ベスト4	ベスト4	3回戦	●選抜大会3回戦で敗れ、高校生チーム相手の連勝が110でストップ

能代工
バスケット部
外伝その2

岩舘の海岸にて

加藤と結婚したテイは、どの大会にも応援に駆けつけた。大会だけではない。能代工バスケット部が全国制覇を達成する前のこと。加藤とテイ、そしてバスケット部の部員たちは、能代市から約25キロ離れた岩舘まで海水浴に行くことがあった。今であればJR五能線で40分ほどの距離だが、当時だとどれくらいかかったのだろうか。

能代バスケミュージアムには加藤が撮影した数々の写真があるのだが、その中に岩舘の海岸で子どもたちがニコニコと笑いながらスイカを食べているものがある。その一人に小林さんが「当時、竹竿が短くなるくらいぶん殴られていた先生の前で寝転がって、怖くなかったんですか?」と聞くと、その彼は「体育館では怖かったけど、普段は兄のような人だったから、『また先生が写真を撮ってるよ』って仲間と言いながら撮られていたんです」と答えた。「しかも先生は『日焼けしろ』って言うんです。『黒くなれば、少しは強そうに見えるから』って」。そんな笑い話がある。

しかし学生にとっては、当時の切符は決して安くない。小林さんがテイに汽車賃はどうしていたのか聞くと、「あんまり昔のことだから忘れちゃった」と笑われたという。おそらく全額、加藤家の財布から出ていたのだろう。

当時のテイは勤めていた。それでも加藤に呼ばれると「ちょっと呼ばれたから行ってくるわ」と会社を抜け、能代駅で合流し、岩舘まで行ったという。子どもたちもまた、テイがいると加藤が優しくなるのでうれしかったそうだ。

おどけた表情でスイカを頬張る部員。撮影は加藤廣志

夏になると加藤夫妻と部員たちで海水浴に出かけた。写真は1966年のもの

年表 1978〜1992年

年度	主な選手（3年生、マネージャー含む）	全国大会成績 インターハイ	国体	選抜／ウインターカップ	出来事
1978（昭和53）	西井浩、須田秀樹	3回戦	ベスト4	3回戦	
1979（昭和54）	斉藤慎一、本間大輔、一方井泰彦、佐藤森王	優勝	準優勝	優勝	
1980（昭和55）	加藤三彦、木村孝正、佐藤清美、中田佳晴、近藤隆文、伊藤恒	優勝	優勝	優勝	●3度目の三冠達成
1981（昭和56）	東出浩一、藤原浩孝、本庄博道	優勝	2回戦	優勝	
1982（昭和57）	進藤実、木村和宏、金井清一、道川屋睦広	優勝	優勝	準優勝	●全日本総合選手権で2回戦進出
1983（昭和58）	目由起宏、保坂匡、田山博則、田村嘉浩	優勝	優勝	優勝	●4度目の三冠達成
1984（昭和59）	進藤一秋、山谷公基、金井次男	優勝	準優勝	準優勝	
1985（昭和60）	金子寛治、安達康、中山義則、押切環、渡部浩一	優勝	優勝	優勝	●インターハイで通算10回目の優勝。史上初の7連覇 ●5度目の三冠達成
1986（昭和61）	石井淳一、佐々木卓、加賀谷寿、関谷保	ベスト4	ベスト4	3回戦	
1987（昭和62）	小林敦、鈴木裕志、平川龍児	準優勝	準優勝	優勝	●加藤三彦がコーチ就任
1988（昭和63）	三浦祐司、佐々木暢、佐藤信長、栄田直宏	準優勝	優勝	優勝（選抜） 優勝（ウインターカップ）	●第1回能代カップを開催 ●選抜と国体でともに通算10回目の優勝
1989（平成元）	長谷川誠、関口聡史、佐藤修、加藤康洋	優勝	優勝	準優勝	
1990（平成2）	植村幸喜、成田大輔、山谷哲太	準優勝	ベスト4	優勝	●加藤三彦が監督就任
1991（平成3）	小納真樹、小納真良、大場清悦、里崎智之	優勝	優勝	優勝	●6度目の三冠達成
1992（平成4）	斉藤勝一、升屋章	1回戦	ベスト8	3位	

※1998年より選抜優勝大会が3月から12月へ移行。2017年より「選手権大会」となる

能代工
バスケット部
外伝その3

臼《うす》と呼ばれたキャプテン

能代工の敷地内に「栄光」と彫られた、全国大会優勝30回を記念した石碑がある。モデルになったのは三浦祐司である。彼らが3年生のときは春の選抜大会が冬の選抜大会、つまり現在のウインターカップに切り替わる境目で、その年は全国大会が4回あった。三浦たちはインターハイを除く3大会を制している。

話はその前年のこと。その年は春の選抜しか優勝できなかったのだが、北羽新報の担当記者は「三浦祐司らの活躍で優勝」とセオリーどおりの記事を書いた。しかし『月刊バスケットボール』はメダルをじっと見つめるキャプテン、鈴木裕志に「臼と呼ばれたキャプテン」とタイトルをつけて、記事にした。それを見た北羽新報の記者は大胆なタイトルに目を奪われ、悔しがったという。後にミュージアムに立ち寄り、「あの忘れられない月刊バスケットボールの記事をもう一度読みたい」とバックナンバーを探し、コピーして持ち帰ったほどである。

メダルを見つめていたキャプテンの鈴木はその後、金融業界で管理職にまで駆け上がった。彼の母親が加藤の追悼展に来て、「息子は加藤先生のおかげで今の人生を手にした」と語ったという。

決して器用ではなく、目覚ましい活躍もしていない息子が、背の高さと能代工バスケット部への憧れだけで入部し、あろうことかそのキャプテンの任を拝命した。狼狽した母親は加藤に「大丈夫でしょうか?」と尋ねた。加藤はこう返している。

「大丈夫です。息子さんはどんな場面でも誰よりも努力し、誰よりも熱く頑張っている、立派なキャプテンです。おかあさんにはそう見えないかもしれないけど、彼はたいしたものです。紛れもなく、彼は能代工のキャプテンです」

加藤の妻・テイもまた「鈴木君ほどひたすら努力を重ねたキャプテンはいない。あの子は紛れもなく、工業のキャプテンだ」と、優勝したときに涙しながら喜んだという。

加藤もテイも、能代工のキャプテンは選手として優秀であればそれでいいとは考えていなかった。自分が預かった選手の本質を見極め、伸びる力のある“芽”を見つける指導者、そしてその妻だったというわけである。

春の選抜（1987年）の表彰式。右端がキャプテンの鈴木裕志、右から3人目が当時２年生の三浦祐司

年表 1993～2007年

年度	主な部員（3年生、マネージャー含む）	全国大会成績 インターハイ	全国大会成績 国体	全国大会成績 選抜／ウインターカップ	出来事
1993（平成5）	鈴木浩平、佐藤洋、土田亨、中村昭文	優勝	ベスト8	3位	●第1回日中ジュニア交流会に参加
1994（平成6）	西澤潤也、安保雅和、高橋豊和	優勝	ベスト4	4位	
1995（平成7）	高橋尚毅、池田和則、半田圭史、高橋稔則	優勝	1回戦	優勝	
1996（平成8）	田中学、金原一弥	優勝	優勝	優勝	●7度目の三冠達成
1997（平成9）	小嶋信哉、畑山陽一、西條佑治	優勝	優勝	優勝	●第10回能代カップにアメリカと中国のチームを招待 ●8度目の三冠達成
1998（平成10）	田臥勇太、菊地勇樹、若月徹、前田浩行	優勝	優勝	優勝	●9度目の三冠達成。通算50回目の全国制覇
1999（平成11）	堀里也、扇田正博、村山範行、板倉令奈	ベスト8	ベスト4	ベスト8	
2000（平成12）	金子伸、小野弘樹、長澤晃一	優勝	ベスト4	2回戦	
2001（平成13）	山田謙治、新井靖明、畠山晴貴	優勝	準優勝	優勝	●インターハイで通算20回目の優勝
2002（平成14）	高久順、内海慎吾、黒政成広	準優勝	ベスト4	3位	●第15回能代カップに韓国のチームを招待
2003（平成15）	高橋優、北向由樹、富田敏幸	優勝	準優勝	優勝	
2004（平成16）	宮城徹、梁川禎浩	ベスト8	1回戦	優勝	●選抜で通算20回目の優勝
2005（平成17）	信平優希、齊藤奨	ベスト8	1回戦	ベスト8	
2006（平成18）	下山竜良、加藤恭平、西山達哉	ベスト8	準優勝	3回戦	
2007（平成19）	長谷川技、満原優樹、渡部敬祐、新岡潤、高橋健太郎	優勝	優勝	3位	●地元の秋田で9年ぶりの国体優勝

能代工
バスケット部
外伝その4

「いいよな、菊地？」

高校9冠という前人未踏の結果を残し、注目も人気も集めた田臥勇太だったが、彼が暮らしていた「長谷川下宿」の長谷川静子さんが能代バスケミュージアムにふらっと遊びに来たときのこと。長谷川さんは田臥、菊地勇樹、若月徹が笑顔で並んでいる写真を指さして「いい写真だよなぁ。いっつも、あんな感じだったよ」と、彼女もまた笑顔で言ったそうだ。

当時は空前の能代工フィーバー。東京から「田臥君に会いたい」と女子高生がやってくるほどだった。あまりの熱狂ぶりに周囲は心配したが、田臥たちはいつもニコニコ笑っていた。長谷川さんは知人からサインを頼まれても基本的に断っていたが、どうしてもと頼まれると、田臥は笑顔で「いいですよ」と言って書いてくれたという。

田臥が2年生になったとき、彼の人気もあって入部希望者が増え、下宿がいっぱいになった。これまでのように2年生を一人部屋にすると、1年生の部屋をつくることができない。「じゃあ、今年の1年生は集会所のようなところに布団を敷いて寝かせよう」。そんな話をしていたら、田臥がこう言ったという。

「いいよ、おばさん。俺は菊地と一緒のままでいいから。1年生がかわいそうだから、ちゃんと部屋をつくってあげてよ。いいよな、菊地？」

相部屋だった菊地は、田臥が言うなら仕方がないといった様子で「あ、ああ……」と頷くしかなかった。今なおBリーグでプレーする田臥の高校時代の知られざるエピソードである。

下宿で相部屋だった④田臥と⑥菊地。コートの中でも外でも息がぴったり合っていた

能代工が生んだスーパースター、田臥が着用したユニフォームが能代駅に飾られている

年表 2008～2021年

年度	主な部員（3年生、マネージャー含む）	全国大会成績 インターハイ	国体	選抜／ウインターカップ	出来事
2008（平成20）	館山健太、高橋陽、今野靖匡	ベスト8		3回戦	●佐藤信長が監督就任 ●国体予選で42年ぶりに敗退
2009（平成21）	武藤修平、宮城大喜、竹内峻	ベスト8		3回戦	
2010（平成22）	熊坂兼、笹木皓太、西島宏哉	ベスト8	ベスト8	2回戦	
2011（平成23）	志水一希、溝坂太成、池端幹司	3回戦		3回戦	●北東北（能代）インターハイ開催
2012（平成24）	野里惇貴、土屋真人	2回戦		2回戦	
2013（平成25）	松本大河、小田桐匡志	2回戦		1回戦	●栄田直宏がコーチ就任
2014（平成26）	長谷川暢、荒木直	2回戦	3回戦	ベスト8	
2015（平成27）	盛實海翔、中村碧杜、小室望海	ベスト8		3位	●栄田直宏が監督就任
2016（平成28）	山田柊人、山田魁都				●54年ぶりに全国大会出場を逃す
2017（平成29）	児玉海渡、児玉凜斗	1回戦			
2018（平成30）	新田由直、遠田貴大、佐藤侃	3回戦	3回戦	3回戦	●加藤廣志元監督が逝去 ●小野秀二が監督就任
2019（令和元）	秋元淳之介、須藤陸、伊東翼	ベスト8		3回戦	
2020（令和2）	中山玄己、工藤粋、森山陽向、佐々木駿汰	※中止	※中止	1回戦	
2021（令和3）					●加藤廣志元監督が日本バスケットボール殿堂掲額者として殿堂入り ●能代西と統合し、能代科学技術に校名変更

※新型コロナウイルスの影響で中止

能代工
バスケット部
外伝その５

「教え子のおかげで褒められてるんだ」

加藤が亡くなった翌年、2019年３月に「加藤廣志氏追悼展」が開催された。

そこに、孫に連れられてきた一組の老夫婦がいた。聞けば、夫が「俺、廣志と同級生でさ」。２人はともに粕毛村（現・藤里町）で生まれ育った。加藤は小学生の頃から体が大きく、勉強ができて、ケンカでは誰にも負けなかったという。妻が「女の子が髪を引っ張られたりしたとき、廣志が『やめれ』って言えば、誰も逆らえなかった。優しかったよ」と述懐すると、夫もしみじみと振り返った。

「俺なんかは同級生といっても小学校しか出ていなくて、それでも会えば、廣志はいつも『久しぶりだな。元気にしてるか』って声をかけてくれる。あっちは大先生になっているのに、いつ会っても変わらず声をかけてくれるんだ。俺が出稼ぎに行っているときにテレビでバスケットの中継をやっていると、仕事仲間から『能代工業、すごいな。お前、秋田だべ』と言われるんだ。そこで『俺、この監督と同級生なんだ』と言うと、『たいしたもんだな』って褒められるんだ。俺は何をしてきたわけでもねえだども、どんなにおもへがったがや」

「おもへがった」とは「うれしかった」という秋田の方言である。そのおじいさんは目に涙を浮かべながら、亡き加藤との思い出を語った。

能代工バスケット部が日本一に輝き始めた頃、日本は高度経済成長期にあった。しかし、木材が主要な産業基盤だった能代は、反対に衰退の一途を辿る。人が押し合うように歩いていた街は徐々に人影が少なくなり、店が閉まって、出稼ぎに行くしかない時代になっていた。おじいさんのように能代工の勝利を心の支えにしていた人は多かったはずだ。能代市民が今なお、なぜそれほどまでに能代工に思い入れを抱くのかといえば、「能代から来たんです」と話すと、いつも「ああ、あのバスケットの」と言ってもらえるからだ。文字どおり、おらが街の誇りなのである。

加藤の同級生だったおじいさんは、こうも語った。「俺のような者でも忘れないでいてくれて、『どうだ、元気にしてるか？かあさんが亡くなって何年になる?』って話しかけてくれたんだ。こちらが『廣志は偉くなったもんだな』と言うと、『なんもや。俺が球を投げてるわけじゃねえもんの。教え子が偉くなって、教え子のおかげで褒められてるんだ』って言うんだ」

教え子が偉くなったから、俺のような者でも褒められるんだ――。監督を退き、定年を迎えた後も加藤がよく口にしていた言葉である。

2019年３月に能代バスケミュージアムで行われた「加藤廣志氏追悼展」のポスター

著者プロフィール

島本 和彦

しまもと かずひこ

編集者、解説者。大学を卒業して日本文化出版株式会社に入社し、『月刊バスケットボール』編集長を務める。退社後は主にＮＢＡのテレビ解説者として活躍。監修書として『マイケル・ジョーダン 鳥人の軌跡』（FM東京出版）、『コーチKの勝利哲学』（イースト・プレス）などがある。

松原 貴実

まつばら たかみ

フリーライター。大学時代から『月刊バスケットボール』、『月刊バレーボール』に連載記事を執筆。取材は芸能、教育、福祉など多岐にわたり、「人」に焦点をあてた記事を数多く手がける。少子化問題に取り組んだwelcome baby作詞コンクールで内閣総理大臣賞を受賞している。

清水 広美

しみず ひろみ

フリーライター。高校時代から『月刊バスケットボール』編集部において編集、取材を開始。高校、大学年代を中心に日本のバスケットボール界を長年にわたって見つめる。共著書に『古武術バスケットボール』（金田伸夫氏、日本文化出版）、『試合で勝てる！ バスケットボール最強の戦術』（佐藤久夫氏、メイツ出版）などがある。

小永吉 陽子

こながよし ようこ

スポーツライター。『月刊バスケットボール』、『HOOP』編集部を経て、フリーランスのスポーツライター兼編集者となる。編書、構成本は多数。日本代表から学生年代までカテゴリーを問わずバスケットボールの現場を駆け回り、国内の試合だけでなく、FIBA国際大会など精力的に取材する。

三上 太

みかみ ふとし

スポーツライター。大学を卒業して一般企業に就職したが、４年で退職し、バスケットボールを主な取材対象とするスポーツライターに転身。男女の日本代表チーム、Bリーグ、Wリーグだけでなく、学生年代まで幅広くカバーする。著書に『高校バスケは頭脳が9割』（東邦出版）、『子どもがバスケを始める前に読む本』（小社）などがある。

CREDITS

特別協力
秋田県立能代工業高等学校
秋田県立能代科学技術高等学校

能代バスケミュージアム

北羽新報社

能代工業バスケットボール部OB会

取材協力
大柄 沙織
小林 尚子
千勝 数馬
水木 順仁
成田 繁穂

デザイン
黄川田 洋志
井上 菜奈美
石黒 悠紀
中田 茉佑
有本 亜寿実

写真
長谷川拓司
日本バスケットボール協会

構成
多賀 祐輔

必勝《ひっしょう》不《ふ》敗《はい》

能代工《のしろこう》バスケットボール部《ぶ》の軌跡《きせき》 1960 - 2021

2021年4月30日　第1版第1刷発行

著　　者　松原《まつばら》 貴実《たかみ》／清水《しみず》 広美《ひろみ》／小永吉《こながよし》 陽子《ようこ》／三上《みかみ》 太《ふとし》

発 行 人　池田 哲雄

発 行 所　株式会社ベースボール・マガジン社

〒103-8482 東京都中央区日本橋浜町 2-61-9

TIE 浜町ビル

電　　話　03-5643-3930（販売部）

03-5643-3885（出版部）

振替口座　00180-6-46620

https://www.bbm-japan.com/

印刷・製本　大日本印刷株式会社

Printed in Japan

ISBN 978-4-583-11351-7 C0075